蔣經國大事日記

（1987-1988）

Daily Records of Chiang Ching-kuo, 1987-1988

民國日記｜總序

呂芳上
民國歷史文化學社社長

　　人是歷史的主體，人性是歷史的內涵。「人事有代謝，往來成古今」（孟浩然），瞭解活生生的「人」，才較能掌握歷史的真相；愈是貼近「人性」的思考，才愈能體會歷史的本質。近代歷史的特色之一是資料閎富而駁雜，由當事人主導、製作而形成的資料，以自傳、回憶錄、口述訪問、函札及日記最為重要，其中日記的完成最即時，描述較能顯現內在的幽微，最受史家重視。

　　日記本是個人記述每天所見聞、所感思、所作為有選擇的紀錄，雖不必能反映史事整體或各個部分的所有細節，但可以掌握史實發展的一定脈絡。尤其個人日記一方面透露個人單獨親歷之事，補足歷史原貌的闕漏；一方面個人隨時勢變化呈現出不同的心路歷程，對同一史事發為不同的看法和感受，往往會豐富了歷史內容。

　　中國從宋代以後，開始有更多的讀書人有寫日記的習慣，到近代更是蔚然成風，於是利用日記史料作歷

史研究成了近代史學的一大特色。本來不同的史料，各有不同的性質，日記記述形式不一，有的像流水帳，有的生動引人。日記的共同主要特質是自我（self）與私密（privacy），史家是史事的「局外人」，不只注意史實的追尋，更有興趣瞭解歷史如何被體驗和講述，這時對「局內人」所思、所行的掌握和體會，日記便成了十分關鍵的材料。傾聽歷史的聲音，重要的是能聽到「原音」，而非「變音」，日記應屬原音，故價值高。1970年代，在後現代理論影響下，檢驗史料的潛在偏見，成為時尚。論者以為即使親筆日記、函札，亦不必全屬真實。實者，日記記錄可能有偏差，一來自時代政治與社會的制約和氛圍，有清一代文網太密，使讀書人有口難言，或心中自我約束太過。顏李學派李塨死前日記每月後書寫「小心翼翼，俱以終始」八字，心所謂為危，這樣的日記記錄，難暢所欲言，可以想見。二來自人性的弱點，除了「記主」可能自我「美化拔高」之外，主觀、偏私、急功好利、現實等，有意無心的記述或失實、或迴避，例如「胡適日記」於關鍵時刻，不無避實就虛，語焉不詳之處；「閻錫山日記」滿口禮義道德，使用價值略幾近於零，難免令人失望。三來自旁人過度用心的整理、剪裁、甚至「消音」，如「陳誠日記」、「胡宗南日記」，均不免有斧鑿痕跡，不論立意多麼良善，都會是史學研究上難以彌補的損失。史料之於歷史研究，一如「盡信書不如無書」的話語，對證、勘比是個基本功。或謂使用材料多方查證，有如老吏斷獄、法官斷案，取證求其多，追根究柢求其細，庶幾還原

案貌，以證據下法理註腳，盡力讓歷史真相水落可石出。是故不同史料對同一史事，記述會有異同，同者互證，異者互勘，於是能逼近史實。而勘比、互證之中，以日記比證日記，或以他人日記，證人物所思所行，亦不失為一良法。

從日記的內容、特質看，研究日記的學者鄒振環，曾將日記概分為記事備忘、工作、學術考據、宗教人生、游歷探險、使行、志感抒情、文藝、戰難、科學、家庭婦女、學生、囚亡、外人在華日記等十四種。事實上，多半的日記是複合型的，柳貽徵說：「國史有日歷，私家有日記，一也。日歷詳一國之事，舉其大而略其細；日記則洪纖必包，無定格，而一身、一家、一地、一國之真史具焉，讀之視日歷有味，且有補於史學。」近代人物如胡適、吳宓、顧頡剛的大部頭日記，大約可被歸為「學人日記」，余英時翻讀《顧頡剛日記》後說，藉日記以窺測顧的內心世界，發現其事業心竟在求知慾上，1930 年代後，顧更接近的是流轉於學、政、商三界的「社會活動家」，在謹厚恂恂君子後邊，還擁有激盪以至浪漫的情感世界。於是活生生多面向的人，因此呈現出來，日記的作用可見。

晚清民國，相對於昔時，是日記留存、出版較多的時期，這可能與識字率提升、媒體、出版事業發達相關。過去日記的面世，撰著人多半是時代舞台上的要角，他們的言行、舉動，動見觀瞻，當然不容小覷。但，相對的芸芸眾生，識字或不識字的「小人物」們，在正史中往往是無名英雄，甚至於是「失蹤者」，他們

如何參與近代國家的構建，如何共同締造新社會，不應該被埋沒、被忽略。近代中國中西交會、內外戰事頻仍，傳統走向現代，社會矛盾叢生，如何豐富歷史內涵，需要傾聽社會各階層的「原聲」來補足，更寬闊的歷史視野，需要眾人的紀錄來拓展。開放檔案，公布公家、私人資料，這是近代史學界的迫切期待，也是「民國歷史文化學社」大力倡議出版日記叢書的緣由。

蔣經國大事日記　導言

呂芳上

民國歷史文化學社社長

中央研究院近代史研究所兼任研究員

一、

　　許多人多注意到年輕一代的新新人類，多半要掌握的是立即、當下，要捕捉的是能看得見、聽得到、抓得住的事事物物，視芸芸之人眾生平等，不把「大咖」人物看在眼裡，昨天的事早早忘卻，明天和過去的歷史，更屬虛無又飄渺。即使對一般人，說美國總統川普（Donald Trump），很多人或還記得，談歐巴馬（Barack Obama），即已印象模糊。老蔣、老毛何許人也？知其名未必悉其實，小蔣（經國）、老鄧（小平）印象就沒那麼深刻。在臺灣，坊間對蔣經國評價不一，民間有人把「蔣經國」以臺語諧音說成「酒精國」，雖屬戲謔之語，反見親切。這時代，有人這麼說：一轉身，光明黑暗都成故事；一回眸，歲月已成風景。不過，尋根是人類本性，我們走過「從前」，要說從歷史中尋求如何面對當今問題的智慧，可能太抽象，但問那個時代、那個人物，留下什麼樣足跡？有過何等影響？還是會引發人們找尋歷史源頭的興味的。

　　近代中國歷史堪稱曲折，世界走入中國，用的是兵艦、巨砲，中國走向世界，充滿詭譎與恫嚇。於是時代

的歷史靠著領導者帶著一群菁英，以無比信心、堅韌
生命力與靈妙的模仿力和創造力，共同形塑，造成了
「今日」。

在歷史往復徘徊中，往往出現能打開出路的引領
人。這些有頭、有臉的人物，他們數十年一夢的人生事
跡，對天地悠悠之久，雖也一幌即過，但確實活在歷
史。最怕的是當代、後世好事者，可能為這些人塗脂抹
粉、加料泡製、打磨夯實、描摹包裝、強力推銷，變成
「聖賢」或「惡魔」，弄得歷史人物不成「人」形。

生前飽受公議的政治人物，過世之後也得接受歷史
的公評，這是無庸置疑。但論孫文只說他為目的不擇手
段、評蔣介石說是獨裁無膽、硬把毛澤東功過三七開，
都犯了簡化歷史的毛病；論歷史的事情，既不是痛快
的一句話可以了結，月且歷史人物，更不該盲目恭維或
肆意漫罵可以了事。歷史人物的品評，需要多樣資料佐
證，於是上窮碧落下黃泉所得的「東西」，不能不說當
下、即時的紀錄材料，最不能疏忽。這套《蔣經國大事
日記》，作為民國、臺灣歷史人物蔣經國及其時代研究
的基礎，當之無愧。

二、

蔣經國生於 1910 年，1988 年過世。美國史家史萊
辛格（Arthur Schlesinger Jr.）說，二十世紀是一個混亂
的世紀，充滿了憤怒、血腥、殘酷；也充滿了勇敢、希
望與夢想。蔣經國的一生起伏跌宕夾雜著這些特色。他
幼年讀書不算多，1925 年十六歲正當人格成型之際，

被送到冰天雪地的俄國。那段時間，正是史達林掌權清算鬥爭激烈時期，對他來說想必印象深刻，影響一生。西安事變後抗日開戰前（1937 年 3 月），帶著俄國妻子返國，先在家鄉溪口讀書，其後在江西保安處、贛南專區當行政督察專員，過著中層公務員的生活，並依父命師從徐道鄰、汪日章等人，接受經典洗禮，對傳統文化進行「補課」，也零星通曉西方民主、法治觀念，思想因此有進境，難免蕪雜。抗戰時期往來大後方，除了在贛南有一批從龍之士外，在重慶擔任三青團幹校教育長，有了幹校人脈，加上後來在臺組建青年反共救國團，這幾批人無形中成了他後來的政治班底。

蔣經國真正的政治事業是 1950 年代在臺灣開始的，1950 到 1960 年代蔣介石忙於黨的改造、政治革新，積極準備「反攻復國」，至於情治系統、國安、國軍政工事務多交經國負責，這一時期，國外媒體甚至形容他為「神秘人物」。到 1970 年代聯合國席位不保，中日、中美先後斷交，國家處境逆轉，大約此時統理國家的權力也集中到經國身上，威權政治開始有軟化跡象。不過直到1980 年代中期之後，已深切感受時代在變，環境在變，潮流也不能不變。1986 年 9 月，集大權於一身的經國總統容忍「民主進步黨」成立，等於開放黨禁；10 月中旬決定「解嚴」，次年 7 月 15 日正式實施；接著解除報禁、開放港澳觀光，10 月 15 日准許老兵返大陸探親，民主化邁步向前，對長期威權統治下的臺灣而言，不啻一場寧靜革命。當年擔任總統副手的李登輝，後來在《訪談錄》中，很平實的說了這麼一段

話：「大家講李登輝執政十二年民主改革等等，老實
講，如果這三年八個月中沒有他（蔣經國）在政策上的
變化，我後來的十二年是做不了什麼事的。」

同一時期，蔣經國大量起用臺灣省籍菁英，尤其
1972 年出任行政院長後，培養省籍人士不遺餘力，
1984 年在謝東閔副總統之後，提名年輕得多的李登輝
繼之，以當時蔣經國的身體條件和年齡，視為是接班人
選，十分明顯。在行政院長及總統任職期間，蔣經國不
斷走入民間、結交民間友人，1987 年又說出「我也是
臺灣人」的話語，姑不論是否為政治語言，政權本土化
的意味很濃，行動上則多少帶點「蘇俄經驗」味道。

1970 年代，國際逆流橫生之外，國內政治異議聲
浪頻起，反對勢力運動勃發，規模不斷擴大，手段益趨
激烈，當時臺灣幾乎有人心惶惶之感。這期間，1973
年及 1979 年碰到兩次石油危機、國際金融風暴。幸賴
十大建設、六年經建計畫等的財經擘劃，安然渡過危
局，「臺灣奇蹟」的締造，蔣經國與有功焉。長時間陪
侍兩蔣身邊的御醫熊丸說，小蔣極為儉樸，樂與民眾接
近，但城府深、表裡不一，恩威難測，並非好相處的朋
友；已過世、有點不合時宜，與經國交過手的財經專家
王作榮，佩服蔣與巨商大賈保持距離，但也直說，蔣經
國是俄國史達林文化與中國包青天文化的混合產物。顯
示這位國家領導人多面向的行事與風格，仍大可有進一
步研究的空間。

三、

1972 年 6 月，62 歲的蔣經國出任行政院長，實質掌理國政。其後 1978 年膺選為中華民國第六任總統，1984 年連任為第七任總統，不幸任期未滿的 1988 年 1 月 13 日辭世，那年他 78 歲。他一生最後的十六年，可說盡瘁國政，奉獻全部心力於臺灣這塊土地。這位關鍵人物在關鍵時期的政府治理成績斐然，此段時間正是臺灣政治、社會的重要轉型期。這十六年的政府政績即使不稱為「經國之治」，說它是臺灣的「蔣經國時代」，絕不為過。

這套《蔣經國大事日記》，涵蓋「蔣經國時代」的十六年，起於 1972 年 5 月 20 日出任行政院長，迄於 1988 年 1 月 30 月奉安大溪止，每日行程幾乎均有如實紀錄。嚴格說這是蔣經國行政院長和兩任總統的行政大事記，原係庋藏於國史館蔣經國忠勤檔案中的一種。原作毛筆、鋼筆文件應出諸經國總統秘書之手，察其所錄，很有總統日常行政實錄意涵。每日記載內容主要為蔣經國擔任院長、總統期間之行止、接見賓客、上山下海巡訪各地，重要會議要點（包括行政院院會、國民黨中常會、中央全會、總統府財經會談、軍事會談）、重要文告、年節談話內容等，大自內政上十項建設的推動，持續三十八年之久的戒嚴宣告解除，反共反獨的宣示，對中共三不（不接觸、不談判、不妥協）政策誓言；國際關係上中日、中美斷交，克來恩（Ray S. Cline）與韓、越「情報外交」，李光耀頻頻秘密來臺的臺新（新加坡）交誼，小至中學生給蔣經國「院長精

神不死」的謝卡小故事，有嚴肅的一面，也見人性幽默
的一環。《蔣經國大事日記》如能與蔣經國個人日記搭
配，「公」「私」資料，參照互比，將更能清楚見其行
事軌跡與作為。故而日記固可補《蔣經國大事日記》之
不足（蔣經國日記起於 1937 年 5 月，記至 1979 年 12
月 30 日因視力惡化中止），《蔣經國大事日記》亦正
足彌補日記之空闕。故此一資料，當屬研究「蔣經國時
代」不可或缺的寶貴史料。

四、

　　這套書記錄 1972 至 1988 年中華民國的國家領導
人行政大事，雖簡要，但不失為「蔣學」研究的重要工
具書。

　　本來歷史學的研究與編纂，就有「年代學」
（Chronology），是以確定歷史事件發生時間的科學，
從古代中國《春秋》、《竹書紀年》，到近人郭廷以的
《近代史國史事日誌》、《中華民國史事日誌》等，都
屬之。這套書一如晉杜預的〈春秋左氏傳序〉所言：
「記事者，以事繫日，以日繫月，以月繫時，以時繫
年，所以紀遠近，別同異也。故史之所記，必表年以首
事。」本書所記，甚至細至以時繫分，明確事件發生時
間，提供歷史發展線索，大可作為歷史研究的基礎。對
當代民國史、臺灣史研究而言，資料之珍貴，實無過
於此。

編輯凡例

一、 本書依照「蔣經國大事日記略稿」編輯，依日期
　　 排列。

二、 為便利閱讀，部分罕用字、簡字、通同字，在不
　　 影響文意下，改以現行字標示，恕不一一標注。

三、 附件及補充資料以標楷體呈現，部分新聞報導之
　　 附件不收錄。

目錄

中華民國 76 年（1987 年）

1月1日　星期四　中華民國七十六年開國紀念日

總統特發表元旦祝詞，並於上午十時親臨總統府主持紀念典禮暨元旦團拜，期勉全國同胞精誠團結，共同為再創新局而奮鬥。

上午

九時四十五分，在府見沈秘書長昌煥、汪參軍長敬煦。

中午

十二時三十六分，至士林官邸與家人聚餐，於下午一時三十六分始偕夫人同返大直寓所。

下午

七時四十九分，在大直寓所見汪部長道淵。

今為海地共和國國慶，總統特致電該國國務委員會主席南斐申賀。

元旦祝詞

親愛的父老兄弟姊妹們：

　　中華民國建國七十多年來，我們一貫篤信篤行三民主義，在內外形勢變幻衝擊中，始終秉持在艱彌厲的民族精神，高舉正義的旗幟，奮勇前進。我們一直以開誠布公的胸襟，至大至正的心懷，自強不息，求新求進。

無論客觀環境如何困難，我們決心對主義忠誠信守，永遠堅定不移。過去我們屢能危而復安的關鍵在此，未來我們贏得最後勝利的契機亦在此。

革命是創造時勢的事業，建國則是複雜而艱鉅的工程，須作百年大計的規劃。尤在邁向民主憲政的途程上，更需把穩方向，踏實腳步。現今隨著時代的演進、社會的發展，國家建設正在轉入一個革新的階段，開始一個新的里程，我們自當以新的認識，新的作法，開展新的局勢。值此繼往開來的前瞻時刻，我們除了要恢宏既有成果、充實已立基礎之外，更要互相共勉：

提昇崇法守法的觀念──大家以守法為榮，以尊重法律秩序為全民共守的義務，來昌明民主政治，鞏固國本。

增進自信互信的共識──大家對國家前途必須有堅定的信心，樂觀進取，不憂不疑，以堅強的必勝心為戰勝一切敵人的保證。

發揚團結和諧的精神──同舟共濟，推誠相與，以忠恕致祥和，以理性化偏激，聚合全民的意義和智慧為推進全面革新的動力。

強化積極奮發的作為──知所先後，明辨是非，凡有利於國家民眾，有益於反共大業，必當劍及履及，勇往直前，貫徹始終。

先總統蔣公曾說：「天下無難事，有心者成之；天下亦無易事，有恆者得之。」今日我們一心以國父的「天下為公」為理想，在復興基地堅忍奮鬥，目的是為奠定中華民國千秋不朽的基礎。我們只要忠於心中所

信，去實行，去貫徹，不變更，不停止，持之以恆，終必成功，目前中共窮變不通，走投無路，施盡統戰花招，已到聲嘶力竭地步。固然我們知道，「暴政必亡」是歷史的明訓，仍有待我們加緊最後的努力，提早勝利的來臨。

　　親愛的父老兄弟姊妹們，回首過去，瞻望未來，我們肯定，光明已經在望。在此新年開始，讓我們共同為再創新局而奮鬥，也讓我們為中國的未來祝福，齊聲歡呼：三民主義萬歲！中華民國萬歲！

1 月 2 日　　星期五
下午
四時五十六分，在大直寓所見馬秘書長樹禮。

1 月 3 日　　星期六
上午
九時四十七分，在府見退輔會鄭主任委員為元。
十時二十五分，見國科會陳主任委員履安。
十時五十四分，見臺灣省政府邱主席創煥。

下午
四時二十七分，在大直寓所見俞院長國華。

總統今復函教宗若望保祿二世，對教宗本年元旦發表之「和平日文告」表示響應與支持。

復教宗若望保祿二世函

教宗聖座：

　　頃誦聖座頒布之新年世界和平日文告，得悉讜論嘉言與中國之哲理文化及社會傳統不謀而合，本人殊深感佩。聖座昭示全人類為一家人，而我國先聖亦於兩千五百年前倡言「四海之內皆兄弟」。

　　中華民族悠久傳統一向強調道德與精神價值應支配人際關係及國際關係。對家庭制度及教育之尊崇，為國家與社會命脈之基石。儘管中華民國絕大多數民眾享有頗高之生活水準，我政府仍竭力勸導國民，尤其是青年一代，勿沉迷於物質之享樂，而應追求精神生活之提昇。

　　吾人建設之勤奮已經眾多人士認定可以作為開發中國家之範式。為協助促進世界和平與繁榮，我政府已派遣三十二個技術團隊前往非洲、中東、拉丁美洲及亞太地區二十三國提供服務，分享吾人之經驗。

　　本人樂於提供保證，中華民國政府及人民全力支持聖座本年和平日文告中所昭示之崇高理想。

1月4日　星期日

下午

四時二十八分，在大直寓所見沈秘書長昌煥。

五時二十七分，見駐新加坡胡代表炘。

1月5日　星期一

總統馬祖老友朱佃海先生日前逝世，總統今特致電戰地

司令官代表前往慰唁。

下午

五時五十分，在大直寓所見秦主任委員孝儀。

九時，見宋主任楚瑜。

1 月 6 日　星期二

上午

九時卅五分，在府見聯勤溫總司令哈熊。

九時五十七分，主持軍事會談。

下午

三時四十四分，在府見沈秘書長昌煥。

四時六分，見沈秘書長昌煥、汪參軍長敬煦、張副秘書長祖詒、第一局劉局長罜、馬副局長英九、焦副局長仁和、第二局龍局長元偉、第三局朱局長季昌、張副局長復、錢處長銓、會計處俞會計長學漢。

四時四十四分，見沈秘書長昌煥。

五時三分，見救國團潘主任振球。

1 月 7 日　星期三

上午

八時三十五分，在中央黨部見馬秘書長樹禮。

九時主持中常會。

十時二十七分，見高中常委魁元。

十時四十分，見馬秘書長樹禮。

1月8日　星期四
下午

八時五十七分，在大直寓所見俞院長國華。

1月9日　星期五
下午

四時二十六分，在府見沈秘書長昌煥。

四時五十八分，見馬秘書長樹禮。

五時二十七分，見汪部長道淵。

九時，在大直寓所見宋主任楚瑜。

1月10日　星期六
下午

四時，在大直寓所見馬秘書長樹禮。

五時八分，見俞院長國華。

1月11日　星期日

總統犒賞馬祖官兵春節加菜金，今天已撥發至前線，三軍將士對總統的關懷德意極為振奮鼓舞。

下午

四時二分，在大直寓所見沈秘書長昌煥。

1月12日　星期一
下午

四時，在大直寓所以茶會款待新任美國在臺協會臺北辦

事處處長丁大衛夫婦。

八時五十六分，見汪部長道淵。

1 月 13 日　星期二

上午

八時三十八分，至圓山飯店理髮。

九時十八分，在府見李副總統。

九時四十二分，見沈秘書長昌煥。

十時，主持新任行政院主計處主計長于建民、監察院審計部審計長鍾時益宣誓典禮儀式。

十時十四分，接見美國聯邦眾議員柯雷茲卡。

十時二十五分，見政大國際關係研究中心邵主任玉銘。

十時四十分，見汪部長道淵。

1 月 14 日　星期三

上午

八時三十七分，在中央黨部見馬秘書長樹禮。

九時，主持中常會。會中主席指示要做好與民眾在一起的工作，一定要避免太過注重形式，要深切了解工作的目標，體察政策的基本用意，才能從與民眾在一起的工作中，使民眾感受到政策的益處。

下午

四時五十二分，在大直寓所見宋主任楚瑜。

八時五十六分，見郝總長柏村。

總統頒贈馬祖榮民葉國謀春節慰問金，今天由連江縣長賴宗煙代表轉發，並轉達總統慰問與賀節之意。

1月15日　星期四

總統關懷殉國將領遺族生活，特派聯勤總司令溫哈熊上將先至臺南慰問羅睪旭中將遺眷，再到高雄往因公死亡人員黃清進等家中慰問。

下午

五時三十五分，在大直寓所見汪部長道淵。

1月16日　星期五

下午

三時五十六分，在府邀請五院正副院長茶敘，期勉以國家利益民眾福祉為先，再接再厲，日新又新，為開展國家新局而共同奮鬥。

1月17日　星期六

上午

九時五十八分，在府見警備陳總司令守山。

十時二十八分，見宋局長心濂。

十一時五分，見宋主任楚瑜。

十一時十五分，見宋局長心濂。

下午

四時二十六分，在大直寓所見俞院長國華。

1 月 18 日　星期日
今為大韓民國大統領全斗煥華誕，總統特致電申賀。

下午
二時七分，在大直寓所見馬秘書長樹禮。
四時五十二分，見沈秘書長昌煥。
五時二十分，見秦主任委員孝儀。

1 月 19 日　星期一
下午
九時一分，在大直寓所見宋主任楚瑜。

1 月 20 日　星期二
上午
九時四十七分，在府見郝總長柏村。
十時五分，見汪部長道淵、郝總長柏村及各軍種總司令
等，對國軍一年來的進步與對國家的貢獻，表示欣慰與
嘉勉。
十一時，見郝總長柏村、陳副總長堅高、葉副總長昌
桐、郭副總長汝霖。

下午
四時二十五分，至士林官邸覲見先總統夫人。
九時，在大直寓所見馬秘書長樹禮。

1月21日　星期三

今為謝前副總統東閔八十歲生日，總統特贈「聲華益壽」壽額及壽桃為他祝賀。

上午

八時三十二分，在中央黨部見馬秘書長樹禮。

八時四十七分，見臺省府邱主席創煥。

九時十分，主持中常會。主席在會中指出我國過去的一年是豐衣足食的一年，大陸則學生運動方興未艾，已使其內部政經情況日益惡化，只要我們團結努力，奮鬥不懈，一定可以獲得最後的勝利。此外，中常會在聽取僑委會有關僑務工作的報告後，並作成決議文，對僑委會一年來為增進僑社安定、和諧、團結反共愛國力量具有貢獻，表示嘉勉。

十時五十三分，見立法院倪院長文亞。

十一時，見馬秘書長樹禮。

下午

三時五十分，在府見空軍陳總司令燊齡。

四時一分，見許主任歷農。

四時十九分，見憲兵周司令仲南。

四時三十六分，見警政署羅署長張。

四時五十九分，見中央銀行張總裁繼正。

五時二十七分，見汪部長道淵。

總統犒賞金門前線官兵的春節加菜金今天發放，戰地官

兵對於總統關懷的德意，極表振奮。

1月22日　星期四

下午

三時十五分，在府見中研院吳院長大猷。

三時四十五分，見沈秘書長昌煥。

三時五十三分，見俞院長國華、沈秘書長昌煥。

三時五十六分，接見行政院所屬八部二會首長，以「有為有守，堅忍奮發、親愛精誠、全力革新」四語相勗勉，並提出四點指示，殷望開展新的行政氣象。

接見行政院所屬八部二會首長四點提示

一、促進民主政治和社會安定，應以屬行法治為前提。而使民眾守法，必先建立公平、合理和有效執法的環境，樹立法律尊嚴，確保良好秩序，讓民眾人人都有機會貢獻所能，人人都可安居樂業。

二、拓展經濟貿易，應繼續朝向自由化、國際化的目標大步邁進，加速強化我們的產業結構與體質，提升國際競爭能力。

三、國防和外交的施政，都應以鞏固國權、保衛國家安全為首要任務，本獨立自主精神，堅持反共國策，堅守民主立場，維護國家利益。

四、教育文化建設方針，應切實本諸憲法所定提振國民的民族精神、自治精神及國民道德，同時健全國民的體格、科學知識及生活智能。

1月23日　星期五

總統關懷交通安全秩序，指示交通部切實執行工作，今天在道路交通安全督導委員會議中，由連部長轉達了此項指示。

1月24日　星期六

上午

八時五十二分，至圓山飯店理髮。

九時五十二分，在府見李副總統。

十時十九分，見郝總長柏村。

下午

四時十六分，在大直寓所見俞院長國華。

今為宏都拉斯共和國總統阿斯柯納華誕，總統特去電致賀。

1月25日　星期日

總統贈送大陸同胞的春節禮品，連日來自馬祖用空飄、海漂工具大批送入對岸，向苦難同胞賀年。

下午

四時二十一分，在大直寓所見馬秘書長樹禮。

五時四十四分，見秦主任委員孝儀。

1 月 26 日　星期一
下午
五時二十分，在大直寓所見馬秘書長樹禮。

1 月 27 日　星期二
上午
十一時十四分，在大直寓所見沈秘書長昌煥。

下午
三時四十四分，在大直寓所見秦主任委員孝儀。
五時八分，見汪部長道淵。

1 月 28 日　星期三　農曆丙寅年除夕
總統特發表除夕談話，勉勵國人要居安思危，以高度的
警覺，隨時準備迎接挑戰，贏得勝利。

下午
四時四十五分，在大直寓所見宋主任楚瑜。
六時五十三分，在士林官邸與家人除夕會餐。

除夕談話
親愛的父老兄弟姊妹們：

　　大家好！時間過得真快，明天又是農曆新年了。經
國利用除夕家家團圓的時刻，給大家拜個早年，祝福大
家新春快樂，萬事如意。

　　過去一年中，由經濟景氣的好轉，帶給社會一片繁

榮，同時也帶來若干問題，為了保持我們的進步，許多
方面都作了些改進，希望有利於全體國民的生計和大
眾的生活。感謝大家的支持與合作，我們相信明年會
更好。

　　當然，這一年中，還有很多事值得我們檢討，例
如：公害的防治做得不夠，交通事故仍常發生，社會治
安沒有顯著的改善，最不幸的是颱風造成的重大災害，
再一次給我們很大的教訓，它啟示我們居安要思危，有
備才無患。天災如此，其他任何事情也無不如此，都
需要我們以高度的警覺，隨時準備，迎接挑戰，贏得
勝利。

　　經國一向是個樂觀的人，不過，我的樂觀並非寄託
在「命運」之上，而是建築在經常「有備」的基礎之
上。展望新的一年，可能還會遭遇更多的困難，但我們
堅毅沉著，充滿信心，只要我們凡事有週密的計畫，妥
善的準備，大家和衷共濟，眾志成城，那就沒有渡不過
的難關，衝不破的障礙。

　　在此，我要衷心的祝福，家家平安，人人健康。更
願我們的國家更富強，光復大陸的任務更早完成。

　　謝謝大家。

1月29日　星期四　農曆春節

上午

十一時三十一分，前往慈湖，於十一時五十五分至陵寢
門口恭迎先總統夫人。

十一時五十八分，陪同先總統夫人謁陵。

十二時三十二分，與家人春節會餐。

下午

一時三十四分，再陪同先總統夫人暨家屬謁陵後返北。

七時十五分，在士林官邸與家人春節會餐。

1 月 30 日　星期五

明天為諾魯共和國獨立紀念日，總統特致電申賀。

下午

四時二十分，在大直寓所見秦主任委員孝儀。

1 月 31 日　星期六

下午

四時十四分，在大直寓所見沈秘書長昌煥。

2月1日　星期日
【無記載】

2月2日　星期一
上午

九時三十分，在府見郝總長柏村。

十時二分，見馬秘書長樹禮。

十時二十六分，見汪部長道淵。

十時三十八分，見李副總統。

十一時五十六分，見沈秘書長昌煥。

十一時十四分，見張副秘書長祖詒。

下午

八時三十分，在大直寓所見宋主任楚瑜。

2月3日　星期二
上午

八時三十四分，在府見汪參軍敬煦。

九時，見中國時報余董事長紀忠。

九時五十四分，見沈秘書長昌煥。

十時，接見前韓國駐華大使金信。

十時十五分，見沈秘書長昌煥。

下午

四時三分，至榮總五號學苑體檢。

五時三十分，聽取檢查結果報告。

2月4日　星期三

上午

八時三十四分，在中央黨部見馬秘書長樹禮。

九時，主持中常會。會中主席勉勵全體與會同志，在新的一年中，政府與執政黨應該竭盡力量，全心全意為改善國民生活，增進民眾福祉而努力，以謀求社會、國家的更大進步與幸福。同時主席並舉兩事例期勉同志務實務本，腳踏實地，實事求是，工作才有意義。此外，會中並內定故宮博物院現任聘任院長秦孝儀改為特任院長。

九時四十二分，見臺灣省府邱主席創煥。

九時四十五分，加見馬秘書長樹禮。

2月5日　星期四

總統於上月答覆香港英文報刊政經記者訪問團所提書面問題，強調統一中國是所有中國人共同的願望，追求自由、民主、和平繁榮的生活方式，也是所有中國人共同努力的目標。

香港英文報刊記者訪華團問答全文

一、是什麼原因使您決定解除戒嚴並開放黨禁，以使居住在臺灣島上的人民的政治生活自由化？

答：中華民國自開國以來，即以實施民主憲政為國家目標，惜因內憂外患頻仍，遲至民國三十六年才實施憲政。而行憲不及二年，中共即竊據大陸。政府從三十八年播遷來臺之後，為防治中共的武力進犯與

滲透顛覆，乃將臺澎金馬列為戒嚴地區，來維護國家整體安全，保障一個安定行憲的環境。過去事實充分說明，戒嚴實施的範圍極為有限，對人民日常生活與基本權利影響甚少，而政府在臺、澎、金、馬地區推動民主憲政的步伐始終是穩定積極的。

最近政府決定解嚴與開放政治性團體活動，是為了貫徹開國以來推動民主法治的一貫政策。三十多年的建設，使中華民國政治安定、經濟繁榮、教育普及，因之，政府在審慎研究社會變遷與人民需要之後，乃決定在近期內解除戒嚴，開放政治性團體活動，擴大實施民主憲政。

二、您對中國未來的期望是什麼？中國可能再統一嗎？在什麼樣的情況下會再統一？

答：統一中國是所有中國人共同的願望；追求自由、民主、和平、繁榮的生活方式，也是所有中國人共同努力的目標。臺灣海峽兩岸的競爭不是政黨之爭，而是生活方式之爭。我們奮鬥的目標是為所有中國人建立一個自由、民主、和平、繁榮的中國，我們為這種理想的生活方式提供了一種選擇。大陸同胞已經認清了這種選擇，迫使中共不得不進行經濟與政治改革。但是事實證明他們這些改革本身就充滿了矛盾，自然無法收效。所以只有當共產主義消滅，中國大陸回歸中華文化及自由民主制度，中國的統一才有可能。

三、您對一九八六年十二月六日選舉的結果有何評估？這次選舉的結果是否顯示中華民國的人民已經覺醒

到有必要促使政治進步？或者，他們已經開始明瞭團結、安定以顧全國家利益的重要性？

答：這次選舉的過程相當順利，其公信力比以往更加提升，顯示我國在推行民主政治方面已有長足的進步。選舉的結果反映出民眾期望在安定中求進步的心願，使政府的施政方向有所依循。

四、您認為中華民國的前途在那裡？

答：中華民國的前途，在一個統一於三民主義的新中國。

近四十年來，中共實行暴政的結果，社會落後，人民貧困，證實共產制度徹底失敗，而復興基地繁榮壯大，安定團結，顯出三民主義制度的優越。中國人民已經了解，中國前途就在一個統一於三民主義的新中國，這也是復興基地一千九百萬軍民戮力以赴的目標。

五、您將如何使日漸老化的國民大會和立法院恢復活力？

答：中華民國臺灣地區自五十八年開始實施中央民意代表增補選以來，已逐漸提昇國會的活力，未來政府將依照以下兩項原則來審慎處理這一問題：

（一）民主政治的合理需要，

（二）中華民國政府的憲法職責——即維護中國的整體利益與代表性。

執政黨已於七十五年四月間指定十二位中常委負責研究當前六大政治改革方案，其中一項即為充實中央民意代表機構之研究，相信對此一問題，將會有

研究結論。

六、中華民國民主化政策的終極目標是什麼？

答：我們深切了解，復興基地政治民主、經濟繁榮、社
會均富的成就，將是我們對內凝聚力量抵抗中共威
脅，以及贏取大陸同胞歸心認同的主要因素。就長
期觀點而言，我們推行自由、民主、均富政策的成
就與中共極權落後制度的強烈對比，將使我們獲得
愛好自由的中國人的支持，也將是瓦解共產制度的
最有力武器，因此，我們的終極目標是實行民主於
全中國。

2月6日　星期五

下午

六時十四分，至榮總核子醫學部體檢。

七時四分，至五號學苑作一般檢查。

2月7日　星期六

【無記載】

2月8日　星期日

故總統府戰略顧問陸軍一級上將顧祝同之喪今日出殯，
總統特頒「勳望永昭」輓額悼念，並派秘書長沈昌煥前
往致祭。同時明令褒揚，以示篤念耆勳之至意。

下午

九時三十一分，在大直寓所見馬秘書長樹禮。

顧祝同褒揚令

　　總統府戰略顧問陸軍一級上將顧祝同，學富韜鈐，獻身革命，志懷忠恪，致力安攘。歷東征、北伐、抗日、戡亂諸役，積功洊膺第九集團軍總司令、第三戰區司令長官、曾攝蘇黔二省省政，繼任陸軍總司令、參謀總長，兼代國防部部長等職。領軍從政，竭智抒忠，弘濟艱難，勉勞懋著。晚歲勤襄大計，益著老成之望，遽聞溘逝，軫悼良深，應予明令褒揚，以示政府篤念耆勳之至意。

2 月 9 日　星期一

下午

八時二十三分，在大直寓所見沈秘書長昌煥。

2 月 10 日　星期二

【無記載】

2 月 11 日　星期三

上午

八時二十二分，在中央黨部見馬秘書長樹禮。

八時五十六分，主持中常會。會中主席於聽取教育部李部長煥所提教育工作報告後，指示該部要發揚中華文化，實現三民主義教育理想，作更大的貢獻。同時通過決議文，對教育部從政黨員，制定各類教育發展方針，積極規劃，戮力推行，其著績效，表示嘉勉。

十時，至圓山飯店理髮。

2月12日　星期四
下午

九時一分，在大直寓所見李部長煥。

2月13日　星期五
上午

六時六分，在大直寓所見宋主任楚瑜。

下午

三時三十五分，在府見郝總長柏村。

三時五十七分，接見美國聯邦參議員華勒卜夫婦。

四時二十三分，見馬秘書長樹禮。

四時四十七分，見汪部長道淵。

2月14日　星期六
上午

十時二十分，在大直寓所見宋主任楚瑜。

下午

四時三十六分，在大直寓所見馬秘書長樹禮。

2月15日　星期日
下午

三時五十分，在大直寓所見俞院長國華。

五時二十分，見秦主任委員孝儀。

2 月 16 日　星期一
上午

八時五十九分，在府見汪部長道淵。

九時十二分，見安全局宋局長心濂。

九時三十三分，見沈秘書長昌煥。

2 月 17 日　星期二
上午

九時三十分，在府見陸軍第八軍團馬參謀長雲昇。

九時三十六分，見空軍基訓中心許指揮官銘昌。

九時四十七分，見郝總長柏村。

十時，主持軍事會談。

下午

八時五十五分，在大直寓所見馬秘書長樹禮。

2 月 18 日　星期三
上午

八時九分，在中央黨部見馬秘書長樹禮。

八時十九分，見馬秘書長樹禮、臺北市許市長水德、馬秘書長鎮方。

八時四十二分，見馬秘書長樹禮、臺灣省政府邱主席創煥、劉秘書長兆田。

九時，主持中常會。會中通過主席提議提名倪文亞、劉闊才為立法院正副院長選舉候選人。同時在聽取文工會宋主任專題報告後，通過決議文指出文工會以前瞻統籌

的規畫，督導各黨營文化事業，著有實績，應予嘉勉。

此外，會中並內定將行政院研考會主任委員魏鏞，由聘任改為特任。

九時五十八分，見立法院倪院長文亞。

十時三分，見臺灣省政府邱主席創煥。

十時十五分，見青輔會姚主任委員舜。

十時十九分，見馬秘書長樹禮。

2月19日　星期四

總統今明令特任魏鏞為行政院研考會主任委員，任命黃俊英、高孔廉為研考會副主任委員。

下午

八時五十三分，在大直寓所見馬秘書長樹禮。

2月20日　星期五

【無記載】

2月21日　星期六

上午

十時二十分，在府見李副總統。

十時四十一分，見沈副秘書長昌煥。

十時五十六分，見馬秘書長樹禮。

十一時三十七分，見汪部長道淵。

下午

八時五十五分，在大直寓所見俞院長國華。

2 月 22 日　星期日

今為聖露西亞獨立紀念日，總統特致電該國總督路易士申賀。

下午

四時三十二分，在大直寓所見汪部長道淵。

2 月 23 日　星期一

上午

九時十六分，至圓山飯店理髮。

十時十分，在府見警總陳總司令守山。

十　時五分，見沈秘書長昌煥。

十一時二十分，見郝總長柏村。

下午

三時三十八分，在府見救國團潘主任振球。

四時十九分，見汪部長道淵。

四時三十分，見輔導會鄭主任委員為元。

四時五十二分，見許主任歷農。

五時，見青輔會姚主任委員舜。

五時十六分，見馬秘書長樹禮。

八時十五分，在大直寓所見宋主任楚瑜。

九時五十八分，見秦主任委員孝儀。

2月24日 星期二

上午

九時三十六分，在府見沈秘書長昌煥。

九時五十八分，見臺灣省政府劉秘書長兆田。

十時八分，見青工會高主任銘輝。

十時十九分，見新聞局戴局長瑞明。

十時二十四分，見臺灣省社會處趙處長守博。

十時三十分，見青輔會黃副主任委員昆輝。

十時三十五分，見文工會黃副主任順德。

十時四十四分，見黨部秘書處張主任宗棟。

2月25日 星期三

上午

八時二十五分，在中央黨部見馬秘書長樹禮。

九時，主持中常會。會中主席強調全民應以守法崇法為光榮，違法脫法為恥辱。並且信賴司法、尊重司法，共維法律尊嚴及審判獨立精神，才能使我們的國家建設成為一個真正民主法治、自由進步的國家。此外，會中通過主席交議中央委員會重要人事調整案。

十時五分，見司法院黃院長少谷。

十時四十分，見馬秘書長樹禮。

中常會談話

　　宏揚民主憲政，屬行法治建設，是政府施政的既定目標，因為民主是時代的潮流，法治是民主的基礎。民主政治所賴以維繫的，就是法治，也就是「法律之前人

人平等，法律之內人人自由」。如果捨棄法治，空言民
主，則民主必失其根基。

最近政府全力推動政治革新，就是希望以法治來鞏
固民主，以民主來保障法律，進而使我們的政治更為進
步。建立完善周延的典章制度，為推行法治政治的基
礎。刑法乃鞏固國家安全、維護社會秩序及保障人民權
益的主要法律。我們固然應積極研究修正刑法以適應
現代刑法思潮及國家社會需要，但是「徒法不足以自
行」、「推而行之存乎人」，要建設現代化法治國家，
仍必須要有現代法治觀念的國民才能相輔相成。因此，
我們更希望全國國民不但能深切體認法律為國家的綱
紀、社會的規範及生活的準繩，並且能明確瞭解司法乃
公平與正義的表徵，以及是非曲直的裁判者。唯有人人
以守法崇法為光榮，違法脫法為恥辱，並且信賴司法、
尊重司法，共同維護法律的尊嚴及審判獨立精神，這樣
才能使我們的國家建設成為一個真正民主法治、自由進
步的國家，為我們的國家帶來更光明燦爛的前途。

過去三十多年來，我們在復興基地全力宏揚民主憲
政，厲行法治建設，我全體司法人員執行法律，伸張正
義，以維護法律尊嚴、貫徹法治精神，自有其重大貢
獻。但是司法乃是法治建設的重要工作，必須隨時代進
步而進步。如此，才能適應時代的需要，強固民主法治
的根基。

近年來，社會進步、經濟繁榮、教育普及。因此，
國民對司法的期望也不斷的提高，由於社會大眾對司法
的重視，司法工作更應力求革新進步。希望每一位肩負

執法重任的司法人員更懍於此一時代使命，加強辦案績
效、改進問案態度、提昇裁判品質及重視便民服務，
這樣才能得到全民的支持與信賴，提高司法的尊嚴與
功能。

中國國民黨重要人事調整

副秘書長	宋楚瑜　高銘輝
組織工作會主任	潘振球
文化工作會主任	戴瑞明
社會工作會主任	趙守博
青年工作會主任	黃昆輝
臺灣省黨部主委	劉兆田
高雄市黨部主委	黃順德
中國廣播公司董事長	郭　哲
中央通訊社常駐監察人	邵恩新
裕臺企業股份公司董事長	宋時選
中央日報常駐監察人	許大路
三一股份有限公司董事長	明　驥

2月26日　星期四

明為多明尼加共和國獨立紀念日，總統已致電多國總統
巴拉格申賀。

韓國大總統全斗煥日前親函總統，表達對我政府處理金
萬鐵等十一名北韓人投奔自由的感謝。

2 月 27 日　星期五

總統關懷嘉義地區缺水問題，今日由臺灣省政府邱主席
至嘉義地區巡視時轉達了此項德意。

下午

三時四十三分，在府見沈秘書長昌煥。

三時五十九分，接見美國共和黨全國委員會共同主席雷
莫玲小姐。

四時十四分，見沈秘書長昌煥。

四時四十六分，見馬秘書長樹禮。

九時，在大直寓所見宋主任楚瑜。

2 月 28 日　星期六

上午

九時四十 分，在府見江部長道淵。

九時五十一分，見臺灣省黨部關主任中。

十時二十一分，見安全局宋局長心濂。

十時四十六分，見臺灣省府民政廳陳廳長孟鈴。

下午

四時十九分，在大直寓所見俞院長國華。

五時五十五分，見馬秘書長樹禮。

3月1日　星期日
上午

十時三十一分，在大直寓所見秦主任委員孝儀。

下午

三時五十二分，在大直寓所見郝總長柏村。

五時十七分，見馬秘書長樹禮。

八時十二分，見汪部長道淵。

3月2日　星期一
總統特聘王玉雲為總統府國策顧問，今日特派副秘書長
張祖詒代表總統致送聘書。

下午

三時三十分，在大直寓所見俞院長國華。

3月3日　星期二
上午

八時四十四分，在府見沈秘書長昌煥。

九時，接見美國重要婦女訪華團美前駐聯合國大使銜代
表古柏絲密等八人。

九時三十三分，接見哥斯大黎加共和國總統府部長羅得
里戈阿里亞斯夫婦等四人。

九時五十三分，見沈秘書長昌煥。

十時，主持軍事會談。

下午

四時五十一分，在大直寓所見馬秘書長樹禮。

3月4日　星期三

上午

八時四十一分，在中央黨部見馬秘書長樹禮。

九時，主持中常會。會中通過主席提議提名黃尊秋為本黨監察院院長候選人，馬空群為監察院副院長候選人，此外，會中並內定臺灣省政府部分首長人事調整方案。

九時四十二分，在府見國家安全會議蔣秘書長緯國。

九時五十五分，主持國家安全會議第五十三次會議，討論行政院所提七十七年度中央政府總預算案，會中總統指示執行預算要以十四項重要建設作為重點，並特別要把握勤儉建國的原則。

下午

四時三十一分，在大直寓所見李部長煥。

八時五十五分，見汪部長道淵。

國家安全會議決定

一、行政院擬送「七十七年度中央政府總預算案核列情形報告」，顯示各級政府淨支出新臺幣七千七百八十二億元，較七十六年度預算增加百分之十二點四，中央政府歲出總額核列四千七百九十七億元，較七十六年度法定預定增加百分之十一，政府預算保持適度成長，符合當前經濟發展情勢，所報收支

核列情形，尚屬適當，應予備查。

二、七十七年度中央政府總預算收支差短，雖較往年續有
擴大，惟當前國民儲蓄充沛，社會資金寬裕，政府適
度增加公債發行，輔以加強公共投資，方向正確，經
常收支核列結果，也有四百一十一億元的賸餘，移充
投資建設的財源，財政基礎仍屬穩健，至於歲出的分
配，以繼續執行國防自立自主政策，加強教育及科技
研究，積極推動十四項建設計畫，強化環境保護等為
重點，對於改善軍公教人員待遇也能兼籌並顧，希即
以所報收支情形為基礎，編製中央政府總預算案。

三、十四項重要建設，不但關係國家經濟的發展，且對
於未來國民生活品質的提高也有影響，七十七年度
中央及各級地方政府，都已優先編列預算支應，希
各有關部門，儘力協調配合，加速推行。

四、根據國家總資源供需估測顯示，我國經濟將持續
發展，七十七年度經濟成長率，估計可超過百分之
七，惟因國際貿易順差累積，影響貨幣供給額繼續
增加，政府各部門應隨時注意物價動態，妥謀因
應，促使國內經濟在穩健中持續繁榮。

五、與會人員發表的意見，請行政院研參辦理。

中常會人事調整案

臺灣省政府委員兼秘書長

劉兆田→李厚高（原委員兼財政廳廳長）

委員兼民政廳廳長

陳孟鈴→陳正雄（原委員）

委員兼財政廳廳長

李厚高→林振國（原臺北市政府財政局長）

委員兼建設廳廳長

黃鏡峯→李存敬（前監察委員）

委員

陳正雄→黃鏡峯（原委員兼建設廳廳長）

3月5日　星期四

上午

九時三十九分，在府見張副秘書長祖詒。

九時五十二分，見立法院倪院長文亞、劉副院長闊才並有所期勉。

十時一分，見國防部軍事情報局盧局長光義。

十時二十一分，見中央政策會趙秘書長自齊。

十時三十九分，見太平洋文化基金會李執行長鍾桂。

十時四十四分，見臺灣省政府民政廳陳廳長正雄。

十時五十七分，見臺灣省政府建設廳李廳長存敬。

十一時十分，見中廣公司郭董事長哲。

十一時二十分，見退輔會鄭主任委員為元、榮工處陳處長豫。

十一時三十分，見中央通訊社邵常駐監察人恩新。

3月6日　星期五

下午

五時二十分，在大直寓所見馬秘書長樹禮。

3月7日　星期六

上午

八時十三分，至圓山飯店理髮。

九時十三分，在府見郝總長柏村。

十時三十分，見汪部長道淵。

下午

三時二十三分，在大直寓所見俞院長國華。

五時十分，見沈秘書長昌煥。

3月8日　星期日

下午

四時五十二分，在大直寓所見宋副秘書長楚瑜。

3月9日　星期一

上午

八時四十三分，在府見革命實踐研究院吳副主任俊才。

九時十九分，見美國世界日報馬社長克任。

下午

四時，在大直寓所以茶會款待美國在臺協會理事主席羅
大為。

五時十二分，見沈秘書長昌煥。

3月10日　星期二

下午

五時七分，在大直寓所見馬秘書長樹禮。

六時四十一分，在士林官邸參加先總統夫人華誕暖壽家宴，於八時四十一分始偕夫人同返大直寓所。

3月11日　星期三
上午

八時三十八分，在中央黨部宴馬秘書長樹禮。

九時，主持中常會。

九時四十一分，見俞院長國華。

下午

六時四十三分，在士林官邸參加先總統夫人華誕家宴，至八時十七分始偕夫人返抵大直寓所。

3月12日　星期四
上午

九時二十五分，在府見警總陳總司令守山。

九時四十分，見立法院倪院長文亞。

十時，接見海地共和國國務委員會委員兼內政暨國防部長雷加拉夫婦。

十時十二分，見沈秘書長昌煥。

十時四十三分，見李副總統。

3月13日　星期五

總統關切本省中南部亢旱，指示臺灣省政府主席邱創煥採取各項因應措施，以克服難關。

下午

三時三十二分，在府見組工會潘主任振球。

四時十分，見退輔會鄭主任委員為元。

四時十八分，見沈秘書長昌煥。

五時四分，見郝總長柏村。

3月14日　星期六
上午

八時二十七分，在府見汪部長道淵。

八時五十三分，主持財經會談，總統關切臺幣升值造成產業衝擊，指示財經首長積極研擬對策，並加速經濟自由化與國際化的步伐，以緩和日益沉重的經貿與匯率談判壓力。

十時五十八分，接見日本眾議員藤尾正行、細田吉藏夫婦、河本敏夫夫人、參議員金丸三郎。

3月15日　星期日
下午

三時五十五分，在大直寓所見宋副秘書長楚瑜。

六時五分，見汪部長道淵。

3月16日　星期一
下午

三時十九分，至圓山飯店理髮。

四時二十九分，在府見沈秘書長昌煥。

四時五十分，見組工會潘主任振球、救國團李主任

鍾桂。

五時四十三分，見馬副局長英九。

3 月 17 日　星期二

日本每日新聞今天在專文中，讚揚總統的領導能力，指係最近一系列開放政策的推動者。

3 月 18 日至 20 日　星期三至五

【無記載】

3 月 21 日　星期六

美國華美日報創刊四十週年，總統特頒「文宣報國」祝詞致賀。

3 月 22 日至 26 日　星期日至四

【無記載】

3 月 27 日　星期五

尹俊上將之喪今日出殯，總統特頒「勛猷永念」輓額及旌忠狀，以表彰其對國家的卓越貢獻。

上午

八時十九分，至圓山飯店理髮。

九時五分，在府見李副總統。

九時廿一分，見汪部長道淵。

九時四十一分，見沈秘書長昌煥。

九時五十八分，見監察院黃院長尊秋、馬副院長空群、並有所期勉。

十時二十分，見沈秘書長昌煥。

十時三十分，見張副秘書長祖詒。

十時五十五分，見馬秘書長樹禮。

十一時十八分，見宋副秘書長楚瑜。

十一時二十四分，見警總陳總司令守山。

下午

五時四十分，在大直寓所見李部長煥。

總統今敦聘監察院卸任院長余俊賢為總統府資政，並派秘書長沈昌煥於下午面致聘書。

3月28日　星期六

上午

八時四十五分，在府見張資政寶樹。

九時十九分，見中央評議委員許金德。

九時四十五分，見王國策顧問玉雲。

九時五十九分，見臺灣省黨部劉主任委員兆田。

十時二十四分，見許主任歷農。

下午

四時十九分，在大直寓所見俞院長國華。

五時五十三分，見秦主任委員孝儀。

3 月 29 日　星期日　七十六年青年節

總統特以「敦品力學，健身合群，發揚中國青年的優良傳統，帶動國家社會的永恆進步」數語勗勉全國青年。

下午

五時三分，在府見沈秘書長昌煥。

六時二分，見馬秘書長樹禮。

八時二十四分，見汪部長道淵。

3 月 30 日　星期一

上午

八時五十五分，在府見組工會潘主任振球。

九時三十九分，見社工會趙主任守博。

九時五十四分，見青工會黃主任昆輝。

十時十分，見安全局宋局長心濂。

下午

六時，在大直寓所見秦主任委員孝儀。

八時十二分，見宋副秘書長楚瑜。

3 月 31 日　星期二

十時，在府主持軍事會談。

十一時十六分，見汪部長道淵。

十一時二十分，見馬副局長英九。

十一時二十六分，見郝總長柏村。

4月1日　星期三
上午

八時四十一分，在中央黨部見國家安全會議蔣秘書長緯國。

九時，主持中常會。會中核定廢止屠宰稅法，主席表示屠宰稅之取銷，使他多年宿願終可得償，值得欣慰。

十時二十一分，至榮總五號學苑牙科門診檢查。

決定取消屠宰稅的理由

——為促進稅制合理化；

——私宰難作全面有效查緝；

——屠宰稅取消後，屠體無須驗印，豬（牛）皮可供製革之用，將促進我國製革工業發展。

4月2日　星期四
下午

六時一分，在大直寓所見宋副秘書長楚瑜。

4月3日　星期五
【無記載】

4月4日　星期六
上午

十時一分，至圓山飯店理髮。

十時四十一分，在府見沈秘書長昌煥。

十一時，見馬秘書長樹禮。

十一時四十分，見汪部長道淵。

下午

三時五十一分，至士林官邸覲見先總統夫人。

4 月 5 日　星期日　先總統蔣公逝世十二週年紀念

上午

十一時二十二分，在慈湖陵寢恭迎先總統夫人。

十一時二十五分，陪同先總統夫人及家人在蔣公陵寢前行禮默禱。

十二時二十七分，至士林官邸見先總統夫人。

十二時四十分，舉行家屬聚餐。

4 月 6 日至 7 日　星期一至二

【無記載】

4 月 8 日　星期三

上午

八時二十分，在中央黨部見馬秘書長樹禮。

八時三十分，見司法院黃院長少谷、洪副院長壽南、行政院林副院長洋港、國防部汪部長道淵、馬秘書長樹禮。

八時四十八分，見谷常委正綱、馬秘書長樹禮。

八時五十二分，見馬秘書長樹禮。

九時，主持中常會。會中通過主席提名林洋港為司法院院長、汪道淵為司法院副院長。

九時五十一分，見俞院長國華。

十時十分，見馬秘書長樹禮、潘主任振球。

4月9日　星期四
【無記載】

4月10日　星期五
上午

十時五十五分，在府見沈秘書長昌煥。

十一時二十八分，見汪部長道淵。

下午

四時十七分，在大直寓所見馬秘書長樹禮。

五時十七分，見宋副秘書長楚瑜。

六時，見秦主任委員孝儀。

4月11日　星期六
上午

八時八分，在府見宋局長心濂。

八時五十四分，見汪部長道淵。

九時五分，見李副總統。

九時二十四分，見司法院范秘書長魁書、汪部長道淵。

九時三十一分，見行政院王秘書長章清。

九時四十三分，見郝總長柏村。

十時，接見薩爾瓦多外交部長亞塞維德夫婦。

十時十五分，見沈秘書長昌煥。

十時二十分，見韓國國家報勳處處長金瑾洙。

下午

四時四十四分，在大直寓所見秦主任委員孝儀。

五時四十二分，見馬秘書長樹禮。

六時三十五分，見俞院長國華。

4 月 12 日 星期日

上午

九時五十分，在大直寓所見宋副秘書長楚瑜。

下午

四時二十三分，在大直寓所見沈秘書長昌煥。

4 月 13 日 星期一

下午

三時五十二分，在府見沈秘書長昌煥。

四時，接見美國聯邦參議員倪可士、眾議員德萬恩、眾

議員麥坎列斯夫婦、眾議員盧肯士等五人。

四時三十五分，見沈秘書長昌煥。

四時四十五分，見郝總長柏村。

五時八分，見汪部長道淵。

4 月 14 日 星期二

下午

五時四十四分，在大直寓所見馬秘書長樹禮。

4 月 15 日 星期三

今值總統華誕，仍照常開會會客，對海內外同胞及友人

之祝賀，表示感謝之意。

上午

八時二十九分，在中央黨部見馬秘書長樹禮。

八時三十五分，見馬秘書長樹禮、臺省府邱主席創煥。

八時五十二分，見馬秘書長樹禮、吳副主任俊才。

八時五十八分，主持中常會。會中全體中央常務委員及列席同志均起立鼓掌，並由李常務委員登輝代表全體同志向主席祝賀政躬康泰、生日快樂。

九時五十分，見馬秘書長樹禮、宋副秘書長楚瑜、高副秘書長銘輝、馬副秘書長英九。

十時五十分，在府見沈秘書長昌煥。

十一時，接見美國參議員洛克斐勒、眾議員柯林絲、柯爾曼、歐文士及艾斯比等五人。

下午

六時四十三分，在士林官邸舉行晚宴。

八時二十二分，在大直寓所見秦主任委員孝儀。

金門老農陳金水先生日昨將自己所種的農產品寄贈總統，作為生日禮物，總統特於今日覆函陳先生感謝盛情。

國軍官兵向總統祝壽致敬書

總統、敬愛的統帥：

欣逢您七秩晉七華誕，職等代表全軍袍澤，以萬分孺慕之情，謹致崇高的敬意和虔誠的祝福。

近年來，國軍在您睿智的領導下，精誠團結，淬礪奮發，建軍備戰與國防科技發展，皆有顯著的進步，當此革命大業決勝的關鍵時刻，我全軍官兵都能體認責任之重大，絕不因現有的成就稍有鬆懈，今後誓當益勵忠貞，更求精進，為完成三民主義統一中國的使命而奉獻一切，不達目的，絕不中止。

謹以至誠代表全軍官兵，獻上莊嚴的誓願和赤誠的擁戴，並恭祝政躬康泰，萬壽無疆。

十一位民間好友羅文堂、龔新通、呂九屏、黃斌璋、蕭獻澤、林寅、黃文彥、戴榮光、楊煦、張讚盛、李忠祥賀電

蔣總統經國先生睿鑒：

欣逢華誕，舉國薄慶，萬民歡騰，君主領導群倫，奠中興之基業，造萬民之福祉，我等忝為民間老友，願赤忱效忠，獻身中興，謹致敬禱，政躬康泰，萬壽無疆。

陳金水致蔣總統函

總統先生：

您好。我今天大膽來寫信與您，相信您不見怪我，因為您是一位很平和親民愛民的好總統。

您對我們金門的同胞實在太好了，您每一次來，老百姓都很高興，您每一次來，我都把它記下來，加起來一共有一百多次，我已經八十二歲了，我從民國十三年就參加中國國民黨，我沒有離開過金門家鄉，從前金門人好苦、很貧窮，自從老總統和您到金門來照顧之後，

一天比一天好，小孩有書好讀，大人也有事好做，現在家家都有電視機、電冰箱，以前吃地瓜，現在豬肉太多，無人愛吃，生活真正很好，如果還有人不滿意，就沒有良心了。

從報紙上、電視上看到您為國家操勞，我們老百姓都知道您很辛苦、很偉大，希望您多保重，不要聽那多壞人的閒言閒語，使自己嘔氣，那種人和共產黨一樣的壞人，就是要故意說些使您生氣的話來害您，您是個愛老百姓的好人，我們金門的百姓都感謝您，都尊敬您，都擁護您。

聽我的大兒子說，總統先生的生日快到了，我是耕田的老人，我不知道送什麼禮物來報答您才好，我把自己種的白菜、蘿蔔、和地瓜、芋頭送給您，不知道您會不會見怪，以前的阿兵哥都說：「白菜蘿蔔最營養」，他們還說是您說的呢！

有空希望您再來金門，看看我們想念您的百姓，看看金門的進步，我年紀大了，寫的不好，請您不要介意。祝您福如東海壽比南山。

民陳金水敬上

中華民國七十六年四月十二日

致陳金水謝函

金水先生：

你好！在我生日的前夕，接到你自己種的白菜、蘿蔔、地瓜和芋頭，都是我所喜歡的食物，令我十分感動，您信中提到金門目前的進步情形，一直是我衷心期

望的光景，但這是全體軍民共同創造的成果，我個人怎敢居功。

國家是大家的國家，只要大家都能精誠團結，奮發努力，國家的前途一定光明。

謝謝你寄來的禮物，更謝謝你的贈言。並祝身體健康萬事如意。

蔣經國啟

七十六年四月十五日

4 月 16 日　星期四

海軍上尉李遠華因執行海上救難任務而殉職，總統今特頒旌忠狀予以褒揚。

下午

五時十七分，在大直寓所見馬秘書長樹禮。

六時三十分，見汪部長道淵。

4 月 17 日　星期五

總統今明令特任林洋港為司法院院長，汪道淵為司法院副院長。

下午

五時三十五分，在大直寓所見馬秘書長樹禮。

4月18日　星期六
下午

八時，在大直寓所見宋副秘書長楚瑜。

4月19日　星期日

日本前首相佐藤榮作夫人佐藤寬子之喪今在日公祭，總統特頒贈「懿德揚芬」輓額致悼。

下午

八時十五分，在大直寓所見秦主任委員孝儀。

八時三十二分，在大直寓所見宋副秘書長楚瑜。

4月20日　星期一

美國安良工商會第八十二屆年會今在臺北市揭幕，總統特頒賀詞，勉續結合全僑力量，致力統一中國大業。

上午

八時三十八分，至圓山飯店理髮。

十時，在府接見瓜地馬拉副總統賈必歐夫婦。

十時十五分，見沈秘書長昌煥。

十時三十分，接見美國聯邦參議員韓福瑞。

美國安良工商會第八十二屆年會賀詞

美國安良工商會第八十二屆年會全體代表公鑒：

貴會成立以來，致力推展僑社工商事業，策進同胞福祉，精誠共濟，貢獻卓著，殊堪嘉佩。

　　茲值中共在大陸極力鎮壓自由民主思潮，對海外僑社加緊其統戰陰謀之際，貴會秉持一貫反共之堅定立場，回國召開年會，意義深遠。至盼與會代表集思廣益，研究發展，發揚貴會傳統精神，結合全僑力量，共同為三民主義統一中國大業而奮鬥。特此申賀，並祝大會圓滿成功，各位健康愉快！

4 月 21 日　星期二
上午

十一時三分，在大直寓所見馬秘書長樹禮。

4 月 22 日　星期三
上午

八時三十六分，在中央黨部見馬秘書長樹禮。

八時五十六分，主持中常會。會中通過行政院局部人事調整案。

九時五十八分，見行政院林副院長洋港。

十時十二分，見馬秘書長樹禮。

下午

八時三分，在大直寓所見宋副秘書長楚瑜。

總統今明令發布行政院新任首長任命案。

行政院新任首長任命案

副院長　　　連　戰

外交部長　　丁懋時

國防部長　　鄭為元

交通部長　　郭南宏

輔導會主委　張國英

青輔會主委　關　中

新聞局長　　邵玉銘

4月23日　星期四

上午

十時四十五分，在大直寓所見秦主任委員孝儀。

下午

八時二分，在大直寓所見郝總長柏村。

4月24日　星期五

史瓦濟蘭王國明日將慶祝國王恩史瓦帝三世生日及登基
一週年，總統特致電申賀。

僑選立法委員郭瑞訓之喪，今日公祭，總統特頒「志業
長昭」輓額致悼。

4月25日　星期六

下午

五時十四分，在大直寓所見俞院長國華。

4月26日　星期日

下午

四時三十四分，在大直寓所見宋副秘書長楚瑜。

4 月 27 日　星期一

下午

四時二十五分，在大直寓所見汪部長道淵。

五時四十八分，見馬秘書長樹禮。

4 月 28 日　星期二

上午

九時四分，在府見國防部張副部長國英。

九時二十四分，見三軍大學言校長百謙。

九時三十分，見陸軍羅副總司令本立。

九時三十六分，見李副總統。

九時五十七分，主持軍事會談。

4 月 29 日　星期三

今日中常會內定陸軍二級上將言百謙調任國防部副部長、駐史瓦濟蘭大使王飛調任外交部政務次長。

上午

十時二十七分，在大直寓所見沈秘書長昌煥。

4 月 30 日　星期四

今明令特任言百謙為國防部副部長，王飛為外交部政務次長。

下午

一時三分，在大直寓所見馬秘書長樹禮。

5月1日　星期五　勞動節

總統特頒書面賀詞，期勉全國勞工應秉持勞資合作優良
傳統，勤奮自勵，敬業樂群，發揮研究精神，提高生產
技能，以加速達成國家的現代化。

五一勞動節慶祝大會書面賀詞

五一勞動節慶祝大會主席並轉全國勞工朋友們：

今天是中華民國七十六年勞動節，是全體勞工朋友
們一年一度熱烈歡慶的節日，經國首先要向各位表示由
衷的祝賀之意。

勞工是經濟建設和國家發展的主要動力。多年以
來，由於全體勞工朋友們堅守崗位，團結合作，使國家
在艱難中，不斷進步，經國在此要對各位平日的辛勞，
表示誠摯的慰勉。

政府遵循民生主義的建國理想，為謀經濟建設與社
會建設的均衡發展，對勞工問題，素極重視。當此國家
各項建設突飛猛進之際，希望各位均能秉持勞資合作的
優良傳統，勤奮自勵，敬業樂群，發揮研究精神，提高
生產技能，以加速達成國家的現代化。

親愛的勞工朋友們！政府一切施政的目標，無不著
眼於締造一個安和樂利的環境，使全體同胞，均能貢獻
其智慧心力，在安定中求進步，在進步中求發展。相信
各位必能共體時艱，和衷共濟，為開創更美好的明天，
而共同努力奮鬥。

祝福各位健康快樂，事業成功！

5月2日　星期六

上午

八時五十六分，至圓山飯店理髮。

九時四十分，在府見鄭部長為元。

九時四十五分，見倪院長文亞。

九時五十六分，主持新任司法院院長林洋港、副院長汪道淵、行政院副院長連戰、外交部部長丁懋時、國防部部長鄭為元、交通部部長郭南宏、退輔會主任委員張國英、青輔會主任委員關中、新聞局局長邵玉銘宣誓儀式。

十時，見沈秘書長昌煥。

十時二十八分，接見宏都拉斯共和國外交部長羅培斯夫婦及外交部首席顧問耶南德斯夫婦。

十時四十五分，見馬秘書長樹禮。

十一時八分，見張副秘書長祖詒。

下午

四時，在大直寓所見俞院長國華。

五時廿四分，見宋副秘書長楚瑜。

八時四十二分，見秦主任委員孝儀。

十時廿六分，見李部長煥。

5月3日　星期日

中央社紐約一日專電報導，大英百科全書一九八七年年鑑，刊出了蔣總統及李副總統兩人的事略，其大意說，一九八六年臺灣在中華民國總統及中國國民黨主席蔣經國的領導下有了重大的改革，多黨民主政治制度的建立

已取得長足進展。

上午

十時四十九分，在大直寓所見宋局長心濂。

5月4日　星期一

上午

十時十三分，在府見沈秘書長昌煥。

十時三十分，見郝總長柏村。

十時五十分，見馬副秘書長英九。

十一時二分，見張副秘書長祖詒。

下午

三時五十二分，在大直寓所以茶點招待美國在臺協會臺北辦事處處長丁大衛夫婦。

五時三十九分，見馬秘書長樹禮。

總統今敦聘前司法院副院長洪壽南為總統府資政，聘書於下午送到洪資政寓所。

5月5日　星期二

上午

八時三十六分，在府見郝總長柏村。

八時四十一分，見司法院林院長洋港、汪副院長道淵、並有所期勉。

九時四分，見余資政俊賢。

九時十三分，見洪資政壽南，嘉許多年來對司法的貢獻。

九時二十二分，見行政院連副院長戰。

九時三十八分，見朱資政撫松、外交部丁部長懋時。

九時五十六分，見交通部郭部長南宏。

十時三分，見青輔會關主任委員中。

十時十五分，見新聞局邵局長玉銘。

下午

五時四十五分，在大直寓所見宋副秘書長楚瑜。

九時三十五分，見秦主任委員孝儀。

5月6日　星期三

上午

八時三十五分，在中央黨部見馬秘書長樹禮。

八時五十五分，見馬秘書長樹禮、臺灣省黨部劉主任委員兆田。

九時二分，主持中常會。在聽取內政部部長吳伯雄報告後，常會要求內政部從政黨員應加強職業訓練，做好就業輔導，為全民保險的提早實施，奠定勝利成功的基礎。隨後對中央政策委員會所提有關擬將預定設置之「行政院勞工署」改為「行政院勞工委員會」的決議，准予備查。此外，會中並內定呂有文出任法務部政務次長。

下午

六時十五分，在大直寓所見宋副秘書長楚瑜。

中央政策委員會法治、內政兩委員會
聯席會議決議

——行政院從政同志為加強保障勞工權益，增進勞工福祉，擬具「行政院勞工署組織法草案」及「內政部職業訓練局組織條例修正草案」，合併內政部勞工司及職業訓練局業務，成立「行政院勞工署」，負責全國勞工行政事務。行政院為統籌全國勞工行政事務，設置專責機構，原則正確，應予支持。

——為示重視勞工地位，強化勞工行政效能及援經濟部農業局改制為行政院農業委員會之例，擬將預定設置之「行政院勞工署」改為「行政院勞工委員會」。

——為示對主管五百餘萬勞工事務機構之重視，行政院勞工委員會主任委員官階應為特任。

——為衡酌適應「行政院勞工署」改為「行政院勞工委員會」及當前勞工行政事務之實際需要，「行政院勞工委員會」關於業務單位擬增設「勞工檢查處」及「勞工保險處」，負責策劃並督導執行之工作。

5月7日　星期四

今日明令特任王甲乙為司法院秘書長，范魁書為公務員懲戒委員會委員長，王瑞林為行政法院院長，褚劍鴻為最高法院院長。

下午

四時二十八分，在大直寓所見沈秘書長昌煥。

九時二分，見秦主任委員孝儀。

5月8日　星期五

今日報載：美國聯邦參議員卡斯登在參院院會中推崇蔣總統全心致力於自由與民主，同時維護中華文化不遺餘力。

總統今特撥端節專款，慰問大專院校教師教學之辛勞。

上午

八時十七分，在府見馬秘書長樹禮。

八時四十六分，見組工會蔡副主任鐘雄。

八時五十六分，見海工會鍾副主任榮吉。

九時六分，見文工會戴主任瑞明。

九時二十分，見文工會吳副主任水雲。

九時三十分，見社工會趙主任守博。

九時四十四分，見社工會蔡副主任友土。

九時五十四分，見社工會謝副主任深山。

十時二分，見青工會黃主任昆輝。

十時二十分，見沈秘書長昌煥。

十時三十分，接見巴拿馬國防軍總司令諾瑞加將軍夫婦及巴國軍事情報廳廳長巴雷拉夫婦。

十時四十八分，見沈秘書長昌煥。

下午

五時二十五分，在大直寓所見俞院長國華。

六時三十三分，見宋副秘書長楚瑜。

5月9日　星期六

上午

九時三分，在府見馬秘書長樹禮。

九時二十分，頒授張資政羣中正勳章，並另頒贈鏡屏，

祝賀其百齡嵩壽。

九時三十八分，見立法委員吳延環。

下午

四時五十三分，在大直寓所見秦主任委員孝儀。

八時五十五分，見潘主任振球。

張羣授勳勳章證書文詞

　　總統府資政張羣，國之元老，勳德同隆。早歲追隨
國父，獻身革命；嗣輔先總統蔣公，安內攘外，贊襄大
計，宏濟艱難。其公忠謀國，足為楷模。特授予中正勳
章，以表豐功。

5月10日　星期日

上午

十時三十七分，在大直寓所見宋局長心濂。

下午

三時三十三分，在中央黨部見馬秘書長樹禮。

四時，約見本黨立法委員黨部常委、書記長、副書記長

及中央政策會有關人員，並有所期勉。

五時二十五分，繼續見馬秘書長樹禮、倪院長文亞、劉

副院長闊才。

六時十三分,在大直寓所見宋副秘書長楚瑜。

七時五十二分,見汪副院長道淵。

接見立法委員同志談話引用蔣介石致陳誠電文（三十八年一月十一日）

臺灣陳主席：

　　今後治臺方鍼：

一、多方引用臺灣學識較優、資望素孚之人士,參加政府。

二、特別培植臺灣有為之青年與組訓。

三、收攬人心,安定地方,以消弭二二八事變之裂痕。

四、處事穩重,對下和藹,切不可躁急,不可操切,毋求速功速效,亦不必多訂計畫,總以腳踏實地,實心實力實地做事,而不多發議論。

五、每口特別注重各種制度之建立,注意治事方法與檢查用人標準,不可專憑熱情與個人主觀。

六、勤求己過,用人自輔,此為吾人補救過去躁急驕矜疏忽,以致今日失敗之大過。

　　望共勉之。

中正手啟

子真府機

5月11日　星期一

上午

九時三十一分,在府見張副秘書長祖詒。

九時五十三分,見許主任歷農。

十時九分，見中央銀行張總裁繼正。

十時二十分，見俞院長國華。

十時四十七分，見沈秘書長昌煥。

十一時五分，見郝總長柏村。

下午

四時三十五分，至圓山飯店理髮。

五時五十八分，在大直寓所見秦主任委員孝儀。

八時五十六分，見馬秘書長樹禮。

5月12日　星期二

上午

九時二十分，在府見宋戰略顧問長志。

九時二十三分，見退輔會張主任委員國英。

九時五十四分，見沈秘書長昌煥。

十時，主持軍事會談。

十一時十五分，見俞院長國華、沈秘書長昌煥、丁部長
懋時。

下午

三時三十三分，在大直寓所見宋副秘書長楚瑜。

四時四十分，至士林官邸覲見先總統夫人。

5月13日　星期三

上午

八時二十五分，在中央黨部見馬秘書長樹禮。

八時三十八分，見馬秘書長樹禮、潘主任振球、省黨部
劉主委兆田。

九時，主持中常會。於聽取國防部中山科學院兼院長郝
柏村所提「國防科技發展報告」後，主席曾嘉許中山科
學院近年來在國防科技及尖端武器的研究與發展方面所
獲致的豐碩成果，並慰勉有關人員對國防科技發展所作
的貢獻，同時中常會並作了決議文，對中山科學院近年
集中全力，發展國防科技，為現代化國防奠定基礎，應
予嘉勉。

十時十九分，見馬副秘書長英九。

十時二十七分，見馬秘書長樹禮。

5 月 14 日　星期四

今為巴拉圭共和國獨立紀念日，總統已致電巴國總統史
托斯納爾將軍申賀。

今為馬拉威共和國終身總統班達誕辰，總統已去電申賀。

總統對外島居民的生活備極關懷，馬祖防衛司令部司令
官已在一項重要會議中轉達了此項德意。

5 月 15 日　星期五

上午

九時四十七分，在府見沈秘書長昌煥。

十時二十二分，見宋副秘書長楚瑜。

十時三十五分，見馬副局長英九。

十時五十八分，見張副秘書長祖詒。

下午

四時五十三分，在大直寓所見馬秘書長樹禮。

今為總統夫人華誕，下午六時四十六分偕同夫人至士林官邸晚餐，至八時五分始返大直寓所。

九時，見秦主任委員孝儀。

5月16日　星期六

上午

九時七分，在府見郝總長柏村。

九時二十二分，見丁部長懋時。

九時三十八分，見沈秘書長昌煥。

十時，見國貿局蕭局長萬長。

下午

四時二十八分，在大直寓所見俞院長國華。

本月十八日係教宗若望保祿二世的生日，總統已致電申賀。

5月17日　星期日

上午

九時二十分，在大直寓所見宋副秘書長楚瑜。

下午

四時八分，在大直寓所見馬秘書長樹禮。

五時三十一分，見沈秘書長昌煥。

八時，見李部長煥。

5 月 18 日　星期一

總統犒賞馬祖三軍官兵的加菜金，已於今天匯抵戰地，
官兵們對總統的德意深為感奮。

上午

九時四十四分，在府見警備陳總司令守山。

十時四分，見安全局宋局長心濂。

十時二十三分，見沈秘書長昌煥、馬秘書長樹禮。

十時四十五分，見鄭部長為元。

十一時十一分，見郝總長柏村。

下午

四時三十二分，在大直寓所見馬秘書長樹禮。

五時三十五分，見秦主任委員孝儀。

5 月 19 日　星期二

上午

九時五十六分，在府見沈秘書長昌煥。

十時十七分，見鄭部長為元。

十時二十八分，見李副總統。

十時三十七分，見宋副秘書長楚瑜。

十一時，見張副秘書長祖詒。

下午

四時十四分，在府見李副總統。

四時三十分，見馬秘書長樹禮。

四時五十九分，見沈秘書長昌煥。

五時十一分，見丁部長懋時。

今天若干不法份子藉口反對制訂國家安全法，全日舉行非法集會示威遊行，造成社會極大不安。

5 月 20 日　星期三

今為經公就任第七任總統三週年紀念日，海內外同胞及國際友人紛紛上電熱烈祝賀，表達赤忱擁戴及崇高的敬意。此外，美國二十三位參議員亦分別致函祝賀，並重申對中華民國的堅強友誼和支持。他們一致認為在蔣總統的英明領導下，中華民國已成為現代史上經濟與政治發展的典範。

國立政治大學校友慶祝創校六十週年校慶，總統寫信期勉該校校友，繼續秉持堅貞報國的情操，恪遵「親愛精誠」的校訓，為完成統一大業，共同奮鬥。

上午

八時二十八分，在中央黨部見馬秘書長樹禮。

九時，主持中常會。

九時四十八分，見馬秘書長樹禮、沈秘書長昌煥。

國民大會全體代表祝賀就職總統三週年電文

蔣總統經國先生睿鑒：

五月廿日欣逢就職三週年，先生勤政愛民、銳意革

新，年來我復興基地民主憲政益見恢弘，各項建設突飛猛晉，瞻望勳猷，至為欽佩。謹電申賀，敬祈睿察。

國民大會代表國全國聯誼會

美國聯邦參議員凱斯頓於參議院發言
慶賀蔣經國就職第七任總統三週年紀念譯文

議長先生：

本人今日起立向在臺灣之中華民國總統蔣經國先生致敬。在臺灣之中國人，將於本年五月二十日慶祝蔣氏連任總統三週年，蔣氏於一九一〇年三月十八日誕生於浙江奉化，係先總統蔣公之長公子，曾被送至莫斯科中山大學研習軍事科學及工程。後因堅決反共而被留置，直到一九三七年始獲准返國。

中國對日抗戰期間，蔣氏出任贛南行政督察專員，一九四五年勝利後，蔣氏先後在東北及上海工作，一九四九年以後，擔任多項重要職務，包括退除役官兵輔導委員會主任委員、行政院副院長兼經合會主任委員、行政院長（一九七二—七八）。

在一九七三年至七四年全世界經濟萎縮期間，蔣院長推動十大建設計劃，提供就業機會，促進經濟成長。卡特承認中共後，蔣氏仍沉著領導其國家克服外交困局，持續經濟發展，增進國軍戰備。

蔣氏於一九七八年當選中華民國總統，親自督導一個空前快速經濟發展階段，使今日在臺灣之中國人得享世界第一流之生活水準。

蔣氏除促成其國家之經濟成功外，並於去年後期建

議解除戒嚴等措施，以邁向更高度之政治自由化。今日
新的反對黨「民進黨」相當活躍，且已推選其黨員進入
立法院。

本人有幸在最近訪問臺北，並曾榮獲蔣總統接見。
總統顯示健康情形極佳，並就中美關係表示令人信服之
觀點。

本人毫無疑問的深信中國人能有蔣氏為其領袖，誠
屬幸運。賓州西品斯堡大學教授茅國權為研究臺灣之專
家，曾以簡單語句描述稱：「蔣先生為今世最偉大領袖
之一，伊不僅領導其國家獲致經濟繁榮與富裕，且領導
其人民向道德之途徑邁進。蔣氏本身堅決反共，正全心
全力奉獻於自由民主及中國最佳文化傳統之維繫。」

茲當蔣總統執政三週年之前夕，本人謹向蔣氏保
證，在錢代表領導下，中美關係至為堅強。本人亦願聯
合中華民國在美國參議院之眾多友人敬祝蔣總統及偉大
之中國人民繁榮幸福。

駐日代表馬紀壯發表總統就職三週年慶賀談話

欣逢總統、副總統就職三週年，謹代表全體旅日國
人表示內心的歡欣鼓舞與擁戴之忱。

我中華民國雖面臨內外變局與困境，但是我們在政
治上採取了開明的改革，經濟上締造了奇蹟，社會上充
滿了蓬勃的朝氣，使我們國家邁往民主憲政大道，獲得
了舉世同欽。

日本朝野領導人士對於我國這項成就，也一再向本
人表示稱讚與欽佩，並認為這些成果是得力於蔣總統高

瞻遠矚所致。

　　本人出任駐日代表時，總統曾提示兩項任務，年來在全體留日僑胞、旅日國人之支持，以及日本在我人士的協助下，對於敦睦中日邦誼，發揮團隊精神的兩項使命略有成果，堪告慰國人。

　　謹代表旅日國人恭頌總統、副總統政躬康泰並祝國運昌隆。

5月21日　星期四
上午
十時四十二分，在大直寓所見宋副秘書長楚瑜。

下午
三時五十三分，在府見宋局長心濂。
四時十八分，見郝總長柏村。
四時四十二分，見張副秘書長祖詒。
五時八分，見李副總統。
五時三十一分，見警備陳總司令守山。
五時五十六分，見鄭部長為元。

臺灣省議員鄭逢時、王玲惠今日結婚，總統特頒贈喜幛祝賀。

5月22日　星期五
日本「產經新聞」今天指出，蔣總統三年任期內推動的政治革新，已為中華民國帶來更開明、蓬勃的朝氣，今

後我國的民主憲政，將邁向光明遠景。

上午

十時五十六分，在大直寓所見秦主任委員孝儀。

下午

三時五十八分，在府見張副秘書長祖詒。

四時二十六分，見黃資政少谷。

八時五十分，在大直寓所見汪副院長道淵。

5月23日　星期六

中央評議委員陳啟川九十華誕，總統題頒「壽」字鏡屏
祝賀。

下午

四時八分，在大直寓所見俞院長國華。

5月24日　星期日

國防部鄭部長為元今日至金門巡視，轉達總統關懷戰地
軍民的德意。

上午

十時五十分，在大直寓所見秦主任委員孝儀。

下午

三時三十分，在大直寓所見沈秘書長昌煥。

七時五十五分，見馬秘書長樹禮。

5 月 25 日　星期一
上午

十時四十分，在府見沈秘書長昌煥。

十時五十一分，見郝總長柏村。

十一時廿三分，見許主任歷農。

下午

四時十六分，至圓山飯店理髮。

五時七分，在府見鄭部長為元。

五時三十五分，見張副秘書長祖詒。

今明令特派潘振球為中央選舉委員會委員。

5 月 26 日　星期二
上午

九時三十分，在府見警備陳總司令守山。

九時四十分，見郝總長柏村、陸軍第八軍團黃司令幸強。

九時四十六分，見陸軍蔣總司令仲苓。

十時，主持軍事會談。

十一時二十四分，見俞院長國華。

下午

四時四十八分，在府見郝總長柏村。

五時十一分，見沈秘書長昌煥。

5月27日 星期三

今為回教開齋節，總統特致電沙烏地阿拉伯王國國王法赫德申賀。

上午

八時三十三分，在中央黨部見馬秘書長樹禮。

九時，主持中常會。會中主席指出，當此正值國家全面精進及執政黨推展革新之際，我們深懍本黨責無旁貸，且任重道遠，更應在既有的基礎上，加強團結，不讓任何因素分化我們的力量，也不容任何問題破壞我們的和諧。大家應本著一貫的政策，誠心誠意與全國民眾緊密結合，實心實力的為國家光明前途繼續奮鬥。此外，會中並內定趙金祁為教育部政務次長。

十時四分，見臺灣省主席邱創煥。

十時十九分，見馬秘書長樹禮。

下午

四時二十六分，在府見沈秘書長昌煥。

四時四十五分，見馬副局長英九。

五時，見司法院林院長洋港。

五時十四分，見郝總長柏村。

五時三十五分，見張秘書長祖詒。

五時四十六分，見李副總統。

中常會談話

上週在臺北東區發生的街頭活動，引起社會不安，各界已多有評論。經國個人對此也深有感觸，今天想鄭

重講幾句話：

首先，本黨是執政黨，一切作為，要向全民負責，要為國家的治亂負責，也就是對歷史負責。凡已決定要做的，以及肯定對國家民眾有益而應做的，必須全力貫徹執行，以求對民眾有所交代。本黨此一為國家求發展，為民眾謀福祉的決心、誠意和負責態度，當為全民所共知，不致因少數人的歪曲而被誤解。

其次，從事政治活動的個人或團體，必須時時心存國家，處處心念民眾；本此前提，從事政治活動，才能獲得社會的尊重，民眾的支持；反之，則必將遭民眾的唾棄，為社會所厭惡。

再次，國家是大家的國家，國事也是大家的國事，當然大家都可以表達意見，不是一個人或少數人可以專斷，更不能由一個人或少數人來假借民意。民主政治之所以可貴，就在於有一個憲政的體制，議會的架構，和法治的規範，讓大家就大家的事，用合法、合理、並為眾所接受的方式和途徑，開誠布公，協調溝通。在多數尊重少數，少數服從多數的規則下，綜合不同的意見，相互容忍，解決問題。我們現在已經走上這條民主道路，大家應該珍惜這項難得的成果，和衷共濟，繼續前進。

最重要的還是國家的安全和社會的安定。這是我們生存發展的根本。由於近年國家建設發展到一個新的里程，為了貫徹民主法治，更求進步繁榮，本黨於上年十月決定儘早解除臺澎地區戒嚴令，但為防止敵人滲透、破壞與顛覆，必須制定國家安全法，以確保國家安全與社會安定。這項決策，連同其他幾個政治改革方案

都是適應當前情勢所需，符合國家民眾最高利益的必要措施，相信應能獲得全民的認同與支持。目前，本黨結合多方面意見所擬訂的改革新方案，有的已進入立法程序，有的也將完成研議工作，作為一個負責的執政黨，自必嚴守誠信，戮力以赴，不辜負全民的期望。同時，至望有關從政同志，循民主政治常軌，積極推動，早日付諸施行，以迎接新時代的來臨。

大家都必定明瞭，隔海中共，無日不想消滅我們。如何能確立我們不敗之基，首先必須不予敵人可乘之隙，也就是要鞏固我們自己，使敵人對我們無懈可擊。過去三、四十年，我們秉持三民主義的最高方針，遵照總理總裁的指示，結合全體國民的智慧心力，同心同德，團結奮鬥，始有今日復興基地的堅強壯大。這正是我們戰勝中共的有力憑藉，相信誰都不能否認，誰也不願拋棄。

今後，正值國家全面精進及本黨推展革新之際，我們深懍本黨責無旁貸且任重道遠，更應在既有的基礎上，加強團結，不讓任何因素分化我們的力量，也不容任何問題破壞的我們的和諧。大家應本著一貫的政策，誠心誠意與全國民眾緊密結合，實心實力的為國家光明前途繼續奮鬥。

以上所言為經國個人近日思考所得，願與全體同志相互共勉。

5 月 28 日　星期四

今明令任命趙金祁為教育部政務次長。

下午

三時四十七分，在府見沈秘書長昌煥。

四時，接見韓國海軍參謀總長崔相和上將夫婦。

四時三十四分，見沈秘書長昌煥。

四時四十分，見戰略顧問劉安祺將軍。

五時四分，見憲兵司令部周司令仲南。

五時二十二分，見警政署羅署長張。

八時五十八分，在大直寓所見汪副院長道淵。

5 月 29 日　星期五

美洲各地中華會館等社團聯合年會，今日在美國紐約舉
行，蔣總統特頒賀詞祝賀。

下午

二時四十二分，在府見張副秘書長祖詒。

四時十二分，見沈秘書長昌煥。

四時四十五分，見鄭部長為元、郝總長柏村。

五時十六分，見李副總統。

五時四十六分，見馬秘書長樹禮。

六時五分，見馬秘書長樹禮、鄭部長為元。

美洲各地中華會館、中華公所、華僑總會聯誼會第八屆年會、全美各地中華會館、中華公所聯誼會第十二屆年會賀詞

　　欣聞貴會在美國紐約聯合舉行年會，僑界碩彥濟濟
一堂，為僑社公益與僑胞福祉，悉心籌劃，共策新猷，

殊勘嘉慰。深信經由各位代表集思廣益，精誠互勉，必
能增強全美僑胞之團結合作，促進僑社之繁榮昌盛，加
速完成以三民主義統一中國之時代使命。特此致賀，並
祝大會圓滿成功，諸君健康快樂。

5月30日　星期六

上午

十時四十一分，在府見丁部長懋時。

十一時十分，見沈秘書長昌煥。

下午

四時十一分，在大直寓所見俞院長國華。

五時二十五分，見秦主任委員孝儀。

5月31日　星期日

今為南非共和國國慶日，總統特致電南非總統波塔
申賀。

美國新聞週刊最近一期中，對總統致力政治改革，備極
推崇。

下午

四時三十八分，在大直寓所見沈秘書長昌煥。

五時五十五分，見郝總長柏村。

6月1日　星期一
上午
十時十八分，在大直寓所見秦主任委員孝儀。

下午
四時五分，在大直寓所見馬秘書長樹禮。
五時三十五分，見汪副院長道淵。

6月2日　星期二
上午
八時十五分，至圓山飯店理髮。
九時十分，在府見李副總統。
九時五十五分，見臺灣大學孫校長震。
十時四十五分，見鄭部長為元。

下午
三時五十五分，在府見俞院長國華。
四時二十分，見宋局長心濂。
四時四十七分，見農發會蔣顧問彥士。
五時十分，見沈秘書長昌煥、張副秘書長祖詒。

6月3日　星期三
上午
八時四十二分，在中央黨部見馬秘書長樹禮。
九時，主持中常會。主席因關切觸犯舊票據法人犯，特
指示行政院從政主管，研究採取合法步驟，早日免除其

刑責，會中並核定「動員戡亂時期國家安全法」草案的
決議，將送請行政院從政黨員研辦。此外，中常會內定
邱進益為駐史瓦濟蘭王國特命全權大使。

十時十四分，見戰略顧問高魁元將軍。

十時三十八分，見馬秘書長樹禮、宋副秘書長楚瑜。

下午

三時二十六分，在府見張副秘書長祖詒。

三時五十四分，見沈秘書長昌煥。

四時五十四分，見鄭部長為元。

五時五分，見郝總長柏村。

菲華僑領袖郭華禘將於七日慶祝八十大壽，總統特致電
申賀。

中常會決議主要內容

——行政院從政黨員為確保國家安全，維護社會安定，
　　擬訂「動員戡亂時期國家安全法」草案，期於完成
　　立法程序及相關法令訂定施行後，依法宣告臺澎地
　　區解除戒嚴，立法原則正確，符合當前國家政治發
　　展需要，應予支持。

——為維護憲政體制，貫徹民主法治，確保國家安全，
　　草案重要內容決定如下：

　　一、關於第二條人民集會、結社的三原則，具有
　　　　政治號召作用，應予維持；但文字擬修正為：
　　　　「人民集會、結社，不得違背憲法或主張共產

主義或主張分裂國土。」藉資明確。

二、關於第四條治安機關必要時得對入出境旅客等
　　實施檢查,擬改由警察機關負責實施,用示軍
　　事管制之結束。

三、關於第五條管制地區得實施禁建、限建;其範
　　圍由國防部會同內政部及有關單位定之。

四、關於第九條戒嚴時期戒嚴地域內非現役軍人刑
　　事案件刑事裁判已確定者,擬維持不得向該管
　　法院上訴或抗告的規定,以避免政治紛擾。

五、本案有關立法技術及文詞修正,由立法委員同
　　志斟酌審議。

6月4日　星期四

今為東加王國獨立紀念日,總統特致電東加王國國王杜
巴四世申賀。

今明令任命邱進益為駐史瓦濟蘭王國大使,王松茂、鄧
啟福為行政院國科會副主任委員。

下午

四時三十分,在府見臺北市許市長水德,指示對低收入
民眾的生活,要多予照顧。

四時五十五分,見許主任歷農。

五時二十二分,見國防部軍事情報局盧局長光義。

五時四十一分,見沈秘書長昌煥。

中央社渥太華專電報導，多倫多環球郵報對總統推展政
治革新，備極推崇。

6月5日　星期五
上午
九時二十分，在府見李副總統。
十時二分，見鄭部長為元

下午
三時五十四分，在府見沈秘書長昌煥。
四時十七分，見沈秘書長昌煥、鄭部長為元。
四時四十分，見張副秘書長祖詒。
五時十二分，見馬秘書長樹禮。
五時五十九分，見沈秘書長昌煥、鄭部長為元、許主任
歷農。
六時二十分，見沈秘書長昌煥、鄭部長為元、許主任歷
農、宋副秘書長楚瑜。
六時二十七分，見沈秘書長昌煥、鄭部長為元。

6月6日　星期六
十時二十八分，在府見郝總長柏村。
十時四十八分，見沈秘書長昌煥。
十一時五分，見李部長煥。

下午
四時二十一分，在大直寓所見俞院長國華。

6月7日　星期日

國際扶輪社年會今日在德國慕尼黑舉行，總統特頒賀詞祝賀。

下午

三時四十五分，在大直寓所見馬秘書長樹禮。

五時二十三分，見汪副院長道淵。

國際扶輪社年會

國際扶輪社一九八七年國際年會全體代表公鑒：

　　貴社秉持崇高的人道精神，致力社會服務之推展，造福人群，成效卓著，夙為世人所敬佩。

　　欣逢貴社於西德慕尼黑舉行一九八七年國際年會，全球社友代表歡聚一堂，為增加相互瞭解，促進國際社會之和諧而竭智盡力，本人代表中華民國政府與人民，申致誠摯之賀忱，並祝大會圓滿成功。

6月8日　星期一

僑選立委梁風、郭瑞訓之喪、今日舉行追悼會，總統特頒輓額悼念。

6月9日　星期二

上午

八時五十四分，至圓山飯店理髮。

九時三十五分，在府見郝總長柏村。

九時五十二分，見鄭部長為元。

十時，主持軍事會談。

下午
四時五十五分，在大直寓所見李部長煥。

6月10日　星期三
上午
八時三十七分，在中央黨部見馬秘書長樹禮。
八時五十一分，見連副院長戰。
九時，主持中常會，會中主席發給每一出席者一本「先
知先導——先總統蔣公對揭發共匪統戰陰謀的指示」，
並提醒大家必須徹底瞭解共匪的統戰陰謀，才能向世人
說明他們的陰謀，以及堅持執政黨的思想主張與作為。
九時五十五分，見倪院長文亞。
十時十九分，見馬秘書長、省黨部劉主任委員兆田。
十時三十四分，見馬秘書長樹禮。

下午
四時二分，在府見鄭部長為元。
四時二十一分，見宋局長心濂。
四時四十八分，見沈秘書長昌煥。
五時二十一分，見馬秘書長樹禮。
八時五十分，在大直寓所見秦主任委員孝儀。
自由音樂大師馬思聰教授追悼會，今日下午在臺北社教
館舉行，總統特頒「樂壇流芳」輓額，以表彰他生前在
音樂領域的卓越成就與貢獻。

6 月 11 日　星期四

上午

九時五十六分，在府見沈秘書長昌煥。

十時十九分，見鄭部長為元。

十時三十一分，見宋副秘書長楚瑜。

下午

四時五分，在府見鄭部長為元。

四時十九分，見郝總長柏村。

四時三十五分，見沈秘書長昌煥。

五時八分，見沈秘書長昌煥、宋局長心濂。

五時五十三分，見馬秘書長樹禮。

6 月 12 日　星期五

上午

十時二十八分，在府見鄭部長為元、郝總長柏村。

十時三十四分，見馬秘書長樹禮、鄭部長為元、郝總長
柏村。

十時五十一分，見沈秘書長昌煥。

十一時二十四分，見警總陳總司令守山。

下午

八時十五分，在大直寓所見沈秘書長昌煥。

6月13日　星期六

上午

十時四十一分，在府見沈秘書長昌煥、張副秘書長
祖詒。

十一時七分，見俞院長國華、沈秘書長昌煥、張副秘書
長祖詒。

十一時十九分，加見馬秘書長樹禮。

十一時二十九分，加見馬副局長英九。

十一時三十七分，見俞院長國華。

十一時五十九分，見鄭部長為元、郝總長柏村。

下午

四時二十二分，在府見馬副局長英九。

五時三分，見李副總統。

五時二十二分，見馬秘書長樹禮。

六時二十三分，見沈秘書長昌煥。

六時五十分，見俞院長國華、沈秘書長昌煥。

十時二十二分，在大直寓所見汪副院長道淵。

6月14日　星期日

美國在臺協會臺北辦事處處長丁大衛今天在東海大學畢
業典禮演講中讚揚總統的重要政治革新，將使我國政治
更安定，經濟更繁榮，生活水準更提昇，未來更安全。

上午

十時八分，在大直寓所見李部長煥。

下午

三時四十三分，在大直寓所見俞院長國華。

四時十二分，見馬秘書長樹禮。

6 月 15 日　星期一

下午

三時二十五分，在府見鄭部長為元。

三時四十四分，見沈秘書長昌煥。

三時五十五分，見沈秘書長昌煥、張副秘書長祖詒、馬秘書長樹禮、宋副秘書長楚瑜、宋局長心濂。

五時十四分，見馬秘書長樹禮。

五時十八分，見張副秘書長祖詒。

五時三十一分，見倪院長文亞。

八時五十七分，在大直寓所見汪副院長道淵。

6 月 16 日　星期二

上午

九時五十二分，在府見沈秘書長昌煥。

十時三十二分，見鄭部長為元。

十時四十二分，見張副秘書長祖詒。

下午

三時二十二分，在府見沈秘書長昌煥。

三時三十分，見日本自民黨日華關係議員懇談會長灘尾弘吉。

四時五分，見韓國財政部長官司空壹、財政部企劃管理

室長洪在馨及韓中經協委員長朴龍學。

四時二十八分，見沈秘書長昌煥。

四時三十二分，見吳部長伯雄。

五時，會談。（參加會談人員：沈秘書長昌煥、馬秘書長樹禮、張副秘書長祖詒、宋副秘書長楚瑜、宋局長心濂。）

六時十三分，見郝總長柏村。

6月17日　星期三

上午

八時四十分，在中央黨部見馬秘書長樹禮。

九時，主持中常會。在聽取中央氣象局局長吳宗堯之工作報告後，主席特指示該局從政同志要加強做好颱風預報工作，確保民眾生命和財產的安全。此外，會中內定由宋長志出任我國駐巴拿馬共和國特命全權大使。

十時六分，見張副秘書長祖詒。

十時二十二分，見沈秘書長昌煥。

十時四十二分，見亞東關係協會駐日代表馬紀壯。

下午

六時十四分，在大直寓所見宋秘書長楚瑜。

6月18日　星期四

今明令特任宋長志為我國駐巴拿馬共和國特命全權大使。

上午

十時四十九分，在府見沈秘書長昌煥。

十時二十六分，見警備陳總司令守山。

下午

五時四分，在大直寓所見汪副院長道淵。

八時五十分，見宋局長心濂。

6 月 19 日　星期五

上午

十時四十八分，在府見沈秘書長昌煥。

十一時二十分，見張副秘書長祖詒。

下午

五時二十三分，在大直寓所見馬秘書長樹禮。

6 月 20 日　星期六

上午

十時二分，在府見沈秘書長昌煥。

十時四十一分，見李副總統。

十一時五分，見郝總長柏村。

十一時二十五分，見沈秘書長昌煥。

下午

四時二十分，在大直寓所見俞院長國華。

六時二十二分，見宋副秘書長楚瑜。

6月21日　星期日

上午

十一時三十二分，在大直寓所見汪副院長道淵。

下午

三時四十二分，在大直寓所見沈秘書長昌煥。

四時五十一分，見馬秘書長樹禮。

五時四十九分，見郝總長柏村。

十時二十二分，見李部長煥。

6月22日　星期一

下午

三時四十六分，在府見沈秘書長昌煥。

四時，接見索羅門群島總理阿利布亞夫婦。

四時十五分，見沈秘書長昌煥。

八時五十五分，在大直寓所見汪副院長道淵。

6月23日　星期二

上午

九時一分，至圓山飯店理髮。

十時，在府主持軍事會談。

十一時，見沈秘書長昌煥。

下午

四時四十分，在大直寓所見秦主任委員孝儀。

六時二分，見馬秘書長樹禮。

九時四十七分，見宋副秘書長楚瑜。

6月24日　星期三
上午

八時四十六分，在中央黨部見馬秘書長樹禮。

九時，主持中常會。在聽取中央政策會秘書長趙自齊有關「動員戡亂時期國家安全法」立法經過報告後，主席曾鄭重指出，我們維護國家安全的決心不變，我們推動民主憲政的誠心不變，我們以三民主義統一中國的信心也不變。唯有如此，民眾的福祉才有保障，國家的前途才有希望。

中常會講話
各位同志：

「動員戡亂時期國家安全法」經過幾個月來的充分溝通與討論後，昨天經立法院三讀通過，經國對立法委員們的辛勞與貢獻，至為佩慰。

國家安全法的通過，是我們國家的一件大事，因為這個法案的通過，將使我們的國家邁進一個新的時代。

安定的環境，是發展經濟的先決條件，也是步向民主坦途的必要條件。民國卅八年，在國家處境最險惡的時候我們實施戒嚴，用以確保國家的安全、社會的安定、人民的安康。今天我們在復興基地創造了舉世讚譽的奇蹟，實施戒嚴確已為我們階段性的發展做了貢獻。現在國家安全法已經通過，國家的發展預期將在新法的維護下，創造一個更民主、更自由、更繁榮、更進步的

社會。

在推動民主政治的過程中，我們必須循序漸進，守法守紀。如今，國家安全法通過，只是另一個起步，今後我們還有很多事要做。因此，希望大家抱持大公無私的胸襟，捐棄成見，以團結的力量來克服困難；以不懈的奮鬥來開創新局。

在此，經國要特別指出，我們維護國家安全的決心不變；我們推動民主憲政的誠心不變；我們以三民主義統一中國的信心也不變。唯有如此，民眾的福祉才有保障，國家的前途才有希望。

際此戒嚴令即將解除之時，深盼全國同胞，全體同志，能建立共識，同心協力，發揮和衷共濟的精神，共同為迎接國家發展的新階段而努力。

6月25日　星期四

上午

十時三十四分，在府見沈秘書長昌煥。

十一時十五分，見馬秘書長樹禮。

下午

四時十八分，在府見李部長煥。

四時五十四分，見張副秘書長祖詒。

五時三十二分，見郝總長柏村。

八時五十五分，在大直寓所見汪部長道淵。

6月26日　星期五
上午

九時二分，在府見鄭部長為元。

九時二十一分，見沈秘書長昌煥。

九時三十分，接見即將卸任返國之宏都拉斯共和國駐華大使塞貝達。

十時五十四分，見俞院長國華暨有關部會首長，於聽取國家安全法公布後有關解嚴程序的作業報告後，剴切指示解嚴程序及實施細節，強調一切務必合法合理，執行尤須適切妥當。

十一時二十分，見沈秘書長昌煥、張副秘書長祖詒。

下午

四時三十二分，在府見張副秘書長祖詒。

五時九分，見李副總統。

五時三十一分，見宋副秘書長楚瑜。

6月27日　星期六
下午

五時十四分，在大直寓所見俞院長國華。

6月28日　星期日
下午

四時十四分，在大直寓所見沈秘書長昌煥。

6月29日　星期一
上午

十一時二十七分，在大直寓所見郝總長柏村。

下午

八時十三分，在大直寓所見馬秘書長樹禮。

6月30日　星期二
上午

八時五十四分，至圓山飯店理髮。

九時四十分，在府見沈秘書長昌煥。

十時，接見國際獅子會總會長艾更生、第七十屆世界年會主席仁井岡武司、輔導總會長羅標奇、第一副總會長司徒文生、第二副總會長詹寧斯、第三副總會長烏勒得等六人。

十時二十五分，見沈秘書長昌煥。

7月1日　星期三

今明令公布動員戡亂時期國家安全法。

上午

八時四十三分，在中央黨部見馬秘書長樹禮。

九時，主持中常會。會中通過主席提議派任李煥為中央委員會秘書長。此外並內定毛高文擔任行政院政務委員兼教育部長及陳倬民接任臺灣省教育廳廳長。

九時五十二分，見臺灣省府邱主席創煥。

十時九分，見俞院長國華。

十時三十一分，見馬秘書長樹禮。

下午

六時七分，在大直寓所見秦主任委員孝儀。

八時五十二分，見李部長煥。

總統令　七十六年七月一日

　　茲制定動員戡亂時期國家安全法，公布之。

動員戡亂時期國家安全法

第一條　動員戡亂時期為確保國家安全，維護社會安定，特制定本法。

　　　　本法未規定者，適用其他有關法律之規定。

第二條　人民集會、結社，不得違背憲法或主張共產主義，或主張分裂國土。

　　　　前項集會、結社，另以法律定之。

第三條　人民入出境，應向內政部警政署入出境管理局
　　　　申請許可。未經許可者，不得入出境。
　　　　人民申請出入境有左列情形之一者，得不予
　　　　許可：
　　　　一、經判處有期徒刑以上之刑確定尚未執行
　　　　　　或執行未畢，或因案通緝中，或經司法
　　　　　　或軍法機關限制出境者。
　　　　二、有事實足認為有妨害國家安全或社會安
　　　　　　定之重大嫌疑者。
　　　　三、依其他法律限制或禁止入出境者。
　　　　前項不予許可，應以書面敘明理由，通知申
　　　　請人，並附記不服之救濟程序。
　　　　內政部應聘請包括社會公正人士組成審查委
　　　　員會，審核第二項第二款未經許可事項。
第四條　警察機關於必要時對左列人員、物品及運輸
　　　　工具得實施檢查：
　　　　一、入出境之旅客及其所攜帶之物件。
　　　　二、入出境之船舶、航空器或其他運輸工具。
　　　　三、航行境內之船筏、航空器及其客貨。
　　　　四、前二款運輸工具之船員、機員、漁民或
　　　　　　其他從業人員及其所攜帶之物件。
第五條　為確保海防及軍事設施安全，並維護山地治
　　　　安，得由國防部會同內政部指定海岸、山
　　　　地或重要軍事設施地區，劃為管制區，並公
　　　　告之。
　　　　人民出入前項管制區，應向該管機關申請

許可。

第一項之管制區，為軍事所必須者，得實施限建、禁建；其範圍由國防部會同內政部及有關機關定之。

前項限建或禁建土地之稅捐，應予減免。

第六條　違反第三條第一項規定，未經許可出入境者，處三年以下有期徒刑、拘役或科或併科三萬元以下罰金。

無正當理由，拒絕或逃避依第四條規定所實施之檢查者，處六月以下有期徒刑、拘役或科或併科五千元以下罰金。

第七條　違反第五條第二項未經申請許可，無故入出管制區，經通知離去而不從者，處六月以下有期徒刑、拘役或科或併科五千元以下罰金。

違反第五條第三項禁建、限建之規定，經制止而不從者，處六月以下有期徒刑、拘役或科或併科五千元以下罰金。

第八條　非現役軍人，不受軍事審判。

現役軍人犯罪，由軍法機關追訴審判。但所犯為陸海空軍刑法及其特別法以外之罪，而屬刑法第八十一條所列各罪者，不在此限。

第九條　戒嚴時期戒嚴地域內，經軍事審判機關審判之非現役軍人刑事案件，於解嚴後依左列規定處理：

一、軍事審判程序尚未終結者，偵查中案件移送該管檢察官偵查，審判中案件移送

該管法院審判。

二、刑事裁判已確定者，不得向該管法院上
訴或抗告。但有再審或非常上訴之原因
者，得依法聲請再審或非常上訴。

三、刑事裁判尚未執行或在執行中者，移送
該管檢察官指揮執行。

第十條　本法施行細則及施行日期，由行政院定之。

7月2日　星期四

上午

九時五十二分，在府見馬秘書長樹禮。

十時十四分，見沈秘書長昌煥。

十時四十八分，見李副總統。

下午

四時七分，在府見鄭部長為元。

四時三十分，見鄭部長為元、退輔會張主任委員國英。

四時五十六分，見張副秘書長祖詒。

五時十八分，見沈秘書長昌煥。

五時二十分，見俞院長國華、沈秘書長昌煥、張副秘書
長祖詒。

五時三十六分，見沈秘書長昌煥、張副秘書長祖詒。

7月3日　星期五

總統非常關切外島官兵生活，曾指示整建東沙島大王
廟，今由東沙指揮官透露了此項消息。

7月4日　星期六

上午

八時五十五分，在中央黨部見馬秘書長樹禮後，至秘書長室巡視，在新舊任秘書長交接前到交接儀式會場，向在場之各工作會正副主管問候。

九時十五分，在府見張副秘書長祖詒。

九時四十六分，見沈秘書長昌煥。

十時，接見沙烏地阿拉伯王國太空人蘇爾坦親王。

十時十五分，見沈秘書長昌煥。

十時二十六分，見中視公司楚董事長崧秋。

十時三十九分，見中央通訊社曹董事長聖芬。

十時五十四分，見教育部毛部長高文。

十一時六分，見交通部郭部長南宏。

下午

三時五十六分，至士林官邸覲見先總統夫人。

五時三十六分，在大直寓所見俞院長國華。

八時十二分，見李秘書長煥。

今為東加王國國王杜包四世六秩晉九華誕，總統特致電申賀。

7月5日　星期日

上午

九時四十六分，在府見郝總長柏村。

十時，主持座談會，參加人員：俞院長國華、李秘書長

煥、沈秘書長昌煥、吳部長伯雄、鄭部長為元、王秘書
長章清、郝總長柏村、陳總司令守山、宋局長心濂、周
司令仲南、羅署長張。

7月6日　星期一

今為馬拉威共和國國慶日，總統已致電申賀。

上午

九時四十分，在府主持座談會。參加人員：汪副院長道
淵、沈秘書長昌煥、鄭部長為元、張副秘書長祖詒、郝
總長柏村、張局長瑩。

下午

八時四十八分，在大直寓所見汪副院長道淵。

7月7日　星期二

總統今天指示行政院，迅速依照赦免法第六條規定，對
非軍人因戒嚴而受軍法審判的受刑人，其刑期尚未執行
完畢者，應斟酌情形，辦理減刑並復權。

今為索羅門群島獨立紀念日，總統已致電該國總督戴維
斯申賀。

上午

九時五分，在府見郝總長柏村。
九時二十四分，主持座談會，參加座談人員有俞院長國

華、汪副院長道淵、沈秘書長昌煥、鄭部長為元、張副
秘書長祖詒、郝總長柏村、張局長瑩等七人。

十時,主持軍事會談。

十一時四十八分,見鄭部長為元。

下午

四時三十三分,在府見鄭部長為元。

四時五十三分,見郝總長柏村。

五時一分,見沈秘書長昌煥。

五時四十二分,見宋局長心濂。

全美華人福利總會第十二屆代表大會今在舊金山揭幕,
總統特頒賀詞祝賀。

指示行政院

政府即將宣告解嚴,關於非軍人因戒嚴而受軍法審
判之受刑人,其所處刑期尚未執行完畢者,應斟酌情形
予以減刑並復權。希行政院轉國防部審核辦理具報。

7月8日　星期三

上午

八時四十一分,在中央黨部見李秘書長煥。

八時五十五分,見沈秘書長昌煥。

九時,主持中常會。在聽取立法院長倪文亞及中央政策
會秘書長趙自齊分別報告立法院審議解嚴案及國安法施
行細則的經過後,特別指出立法院在七七抗戰五十週年

紀念日議決通過解嚴案，意義至為重大，未來執政黨繼
續推動民主法治的決心和誠意，絕不會改變，並勉勵全
體黨員，不要猜疑，要互相信任，才能作好政治革新工
作。

十時四十三分，見李秘書長煥。

7月9日　星期四
上午

八時五十分，在府見馬副局長英九。

九時二十二分，見沈秘書長昌煥。

7月10日　星期五
【無記載】

7月11日　星期六
上午

九時十六分，在府見沈秘書長昌煥。

十時一分，見退輔會張主任委員國英。

十時二十七分，見李副總統。

7月12日　星期日
【無記載】

7月13日　星期一
上午

八時十八分，至圓山飯店理髮。

7 月 14 日　星期二

下午

三時七分，在府見沈秘書長昌煥。

三時四十七分，見丁部長懋時。

四時七分，見駐史瓦濟蘭邱大使進益。

四時十七分，見張副秘書長祖詒。

四時五十二分，見李副秘書長煥。

五時十六分，見郝總長柏村。

7 月 15 日　星期三

總統昨日發布命令宣告臺灣地區自今日零時起解除戒嚴，動員戡亂時期國家安全法同日施行。從今天凌晨開始，我國民主憲政發展即邁入一個嶄新的里程。

上午

八時四十二分，在中央黨部見李秘書長煥。

九時，主持中常會。會中主席指出貫徹民主、勵行憲政，是打擊共產主義最佳的利器，而臺灣地區宣布解嚴，已為我們完成三民主義統一中國大業，更向前邁進了一大步。此外，常會中並內定由內政部次長鄭水枝擔任行政院勞工委員會主任委員。

十時二十分，見李秘書長煥。

十時二十三分，見俞院長國華。

下午

四時三十五分，在府見沈秘書長昌煥。

總統令　七十六年七月十四日

准立法院中華民國七十六年七月八日（76）台院議字第一六四一號咨，宣告臺灣地區自七十六年七月十五日零時起解嚴。

7月16日　星期四
下午

八時二十四分，在大直寓所見汪副院長道淵。

7月17日　星期五

今明令特任鄭水枝為勞工委員會主任委員。

今日各報刊載，主席於五月十日召見立法委員黨部常務委員、書記長及副書記長時指出，今天我們有信心，能抵擋得住一切外來壓力，但重要的是我們要本著一貫理直氣壯，正大光明的態度，捐棄個人利益與私見，為黨國整體利益，團結一致，邁步向前。以及六月十日主席在中常會上，提醒國人明辨是非，認清中共本質及陰謀，以拒斥中共所謂「一國兩制」的統戰騙局。（以上兩次談話內容，係由七月號中央月刊刊出，今日各報均予轉載。）

召見立法委員黨部有關同志講話
各位同志：

好久沒有和大家見面了，但經國對各位同志的工作與生活情況，卻時時刻刻在想念之中，今天能利用星期

假日和各位晤面，內心感到非常高興。

　　站在黨的立場而言，經國以為，我們同志是榮辱一體、成敗與共的。因此，當經國聽到大家對黨有所貢獻，就覺得非常興奮；但是聽到同志受到責難與侮辱的時候，經國也和大家一樣感到恥辱。也因此讓經國加重了自己的責任感，希望大家一起來檢討改進。

　　近年來，國內外情勢都有很大變化，而我們的處境也仍然艱難，但從長遠來看，我們的前途卻是光明的。

　　回想民國三十八年，總裁在共匪全面叛亂後，準備重新調整戰略部署，當時曾提出三個方案，其一是轉進到西康，其二是撤至海南島，其三是播遷到臺灣。最後，總裁在定海一次重要軍事會議上，選擇了第三方案──播遷臺灣。如今，政府遷臺已經四十年了，這四十年中，的確有很大的變化，其中有有利的變化，也有不利的變化。但毫無疑問的是，我們在總裁最高的戰略指導之下，在復興基地建設臺澎金馬，力量卻一天比一天壯大，以致引起敵人對我們的恐懼，怕我們實力堅強構成對敵人的威脅，因而無時無刻不想打擊我們，分化我們，甚至想消滅我們。

　　前幾天，經國在檔案中找到一則民國三十八年總裁親筆撰寫拍發給當時臺灣省主席陳辭修先生的電報手稿，讀後真是深深感動，也深刻體認到總裁對我們黨員同志付託之重，也益使我們感到責任的重大。民國三十八年一月十一日由總裁拍發的這則電報內容中，特別要強調：

一、多方引用臺灣學識較優，資望素高之人士，參加

政府。

二、特別培植臺灣有為之青年。

三、毋求速功速效，總以腳踏實地，實心實地實力
　　做事。

四、特別注重各種制度之建立與治事之方法。

　　這則電報文字簡短，但卻含蘊著總裁的苦心，顯現
總裁的遠見。總裁的這番訓示，至今也仍是我們工作努
力的方向。

　　總裁過世之後，經國經大家推舉負起主持本黨的重
責大任，無時不以盡心盡力做好自己的工作自許，且無
時不以本黨的成敗、國家的興亡為己任。

　　在過去四十年中，中國大陸上也有劇烈的變化，目
前中共已到了走投無路的地步，搞什麼青年下放，什麼
經濟改革的結果，最後卻不得不講要學習臺灣。而另一
方面，看到我們的進步、成果與繁榮，共匪又無所不用
其極，以各種統戰方式，企圖摧毀我們，甚至始終沒有
放棄使用武力侵犯臺灣的念頭，我們必須提高警覺。

　　過去四十年中，我們在復興基地上的建設成果，是
我們奉行總理遺教、總裁遺訓，以及本黨制定正確政策
方針的結果。這也就是說，如果沒有中國國民黨，也就
沒有了中華民國。而我們中華民國，今天不但能夠存
在，而且擁有強大的國力，支持未來的發展，最主要的
是，在政治上加速了民主，在經濟上創造了奇蹟。在軍
事上日益精進，在教育上大幅進步，在科學上日新月
異。面對這些事實，我們固不要自傲自大，也更沒有理
由自暴自棄，只要我們有信心，只要我們肯努力，我們

的力量會更壯大。

回憶抗戰後期，我們也曾受到共匪在軍事上、經濟上和教育上的牽制和壓力。民國三十七年，總裁派經國到天津、北平一帶視察，後來總裁問經國看了後的感想如何？經國就報告總裁，當時最危險的是共匪所製造的空氣，指反共只是總裁一個人的事，除他以外，大家都不要反共。共匪這樣做的目的，就是在孤立總裁、孤立國民黨，這正是造成當時民心不安的最主要原因。

今天，在國內好像也出現了一種論調，有人認為反共是國民黨的事，他們反不反共並無所謂。如果真有人把反共視為是不進步、不開明、是頑固、是落伍，那麼就與前面所說，民國三十八年時大家把一切罪名加在總裁身上的情形沒有兩樣了，如此思想污染的確比什麼都要危險呢！

舉例來說，我們的軍事力量確實是日益堅強，因此就有人主張不要再加國防預算，說現在的預算已超過了我們所需要的國防經費，而且認為增加國防預算，就是不重視教育、不重視文化。事實上，今年的國防預算已較去年減少，但問題不在於錢的增減多少，心理上的認知才更重要。因為如果有人認為現在已是太平時期，我們可以高枕無憂，那是大家沒有認清國家的處境，這比共匪的統戰影響還要嚴重，令人深為躭憂。

今天共匪一方面表示不排除以武力侵犯臺灣，一方面則積極以統戰方法，企圖製造我們內部的分裂、不安與混亂。此時，如果我們內部有人不了解這種情勢，不論是假借民主自由之名，提出似是而非的謬論；或是為

了個人「打知名度」跟著叫喊，最後都會在有意無意間
掉進中共的圈套。

當然，今天我們有信心能抵擋得住一切外來的壓
力，但重要的是，我們要本著一貫理直氣壯、正大光明
的態度，捐棄個人利益與私見，為黨和國家的整體利
益，團結一致，邁步向前。經國身為本黨主席，一定會
竭盡心力和大家一起攜手前進。

當年大陸失敗，總裁交給我們的使命就是改造本
黨，加強內部團結，後來我們的黨確有進步，確有生
氣，不分彼此。何況，今天我們有這麼多黨員，有這麼
多優秀同志，如果我們坦承無私，意志堅定，實在是無
所畏懼，共匪的陰謀也永難得逞。

去年正月初一，胡匪耀邦去了漢口，在祠堂拜年，
之後即虛情假意地表示要在奉化整修雪竇寺，這真是玩
弄統戰伎倆到了極點，然而對經國來說，卻是一笑置
之，而且以為這種做法是愚蠢的，是共匪在窮途末路時
才走的一條路。果然事隔不到一年，胡匪就垮臺了。

經國所以舉這個事例，是因為有人以為：只要我們
對大陸開放，和共匪「和平共存」，和他們通商、通
郵，我們就未嘗不能得到利益。果然如此，那正是共匪
所求之不得的了。有一次共匪託一位美國著名的政治人
物，來試探我們和共匪和談的可能性，經國當時就斬釘
截鐵的告訴來人說：「這是不可能的」。後來，經國把
經過向總裁報告，總裁說回答得很對。總裁並說：你還
可告訴對方，我們並不想自殺，不想葬送民族的前途，
除非我們想自掘墳墓才會去和談。

　　現在，也還有人講什麼「還鄉運動」，要知道，所謂的還鄉運動，表面上是讓來自大陸的同胞回到大陸家鄉，但骨子裡卻是要動搖我們的人心，我們的人心一旦動搖，共匪的統戰目的也就達成。身為黨員、身為黨的幹部，我們的責任特別重大，我們的意志更須不屈不撓。

　　數十年來，經國在個人奮鬥歷程中，最感到自己安慰的有兩件事：第一是對黨的基本政策，在任何情況下，都堅定不移，過去如此，今後亦復如此。第二是經國在黨裡從不涉及派系。在這個大時代中，面臨狂風暴雨的時刻，如果還講小圈圈、小團體、小組織，那是自己看不起自己，我們要做的是建設國家、強化本黨、服務民眾的大事情，這個重責大任要我們來擔負起來。大家要知道，我們的黨有這樣悠久的歷史，有這樣完美的主義，有這樣偉大的總理和總裁，我們不但不相信會失敗，而且我們堅信一定能成功。

　　我們中央政府有五院，各院皆有其本身的職能，同等重要，因此，立法院的成功或失敗，也同樣關係著國家的前途和發展，所以各位立法院同志所肩負的使命也特別艱巨。這是經國的肺腑之言。經國對大家期望很深，也希望大家以黨國為重，以作為總理和總裁的信徒自勉、自豪、全力奮鬥。

　　剛才聽了大家的意見，經國覺得受益很多，再提出以下幾點與大家共勉：

第一、從總裁當年給臺灣省主席陳辭修先生的電報內
　　　容，我們一般民眾與青年就可了解，政府與本

黨在光復臺灣之後既定的基本建設方針和方
向。例如總裁當年即要求引用並培植臺灣學
識較優、資望素高的人加入政府；黨政人員處
事要穩重，對下要和藹可親，凡事不可操之過
急。以上總裁當年的提示，至今也還是我們努
力執行的政策方向，將來也不會改變，希望省
籍青年和同胞，能真正瞭解我們的用心。

第二、從總統府到五院的政府是整體的，目標也是一致
的。所以各部門之間應密切合作，共同努力，
抱著成敗與共、榮辱與共的態度做事。作為國
會議員和本黨同志，尤須注意根據民意，制定
對國家、對民眾有益的法律，以符合民眾的需
求和時代的要求。因此，經國切望各位立法委
員同志在發言的時候，要做到：

——應該顧到國家和民族的利益。

——不能違背國家的政策。

——要注意問題的主要重點。

能夠這樣去做，相信議事效率定會提高，也更
能發揮民意代表為民服務的功能。這種風氣的
培養與建立，確是非常重要。

第三、經國處理任何問題，一向總把握一個原則，那
就是「有所為，有所不為」。當有所為的時候
而不為，是錯誤的、愚蠢的；當有所不為的時
候而為之，則是盲動的、危險的。因此，在什
麼情況下，應該做什麼，不該做什麼，做的時
候，又該如何選擇時間，選擇機會，負什麼責

任，都值得大家深思。

　　經國很注意同志在立法院的發言要點，發現某些觀念不太正確，這可能是由於對全盤情勢缺乏瞭解；也可能是忽略了自己做為黨員同志，做為國會議員應有的立場所致。這種現象也說明了我們黨員的素質，還要不斷提升。

　　就以「亞銀」問題來說，經國深信這問題將來在歷史上會有忠實的記載。經國要強調的是，個人不僅決不會做任何對國家不利、對民眾不利的決定，而且要對所做的決定，負起責任。經國處理問題也常常聽取各方面的意見，以盡量避免遺漏或錯誤發生，更重要的是，經國一生從政，做任何事情，都做到「不欺騙、不隱瞞」。今天在各位同志面前，也特別提出來說明。

　　我們有如此多的同志，赤膽忠心，愛本黨、愛國家的表現，令人感動，今後只要我們繼續秉持「正大光明，理直氣壯」八個字，勇往直前，我們的黨、我們的國家前途一定是光輝燦爛的。

　　時間不早了，謝謝大家在星期天到這裡來，同時也特別謝謝大家對經國個人健康的關懷。謝謝大家。

7月18日　星期六
上午

八時五十一分，在府見李副總統。

九時四十四分，見駐美國防採購團果團長芸。

十時十分，見國家安全局練專門委員覺先。

十時二十八分，見沈秘書長昌煥。

下午

八時四十六分，在大直寓所見李秘書長煥。

7月19日　星期日

上午

十時四十分，在大直寓所見秦主任委員孝儀。

下午

四時十分，在大直寓所見俞院長國華。

前國防部政治作戰計劃委員會主委江海東中將夫人史如瑩女士之喪明日出殯，總統特頒「淑德貽徽」輓額以示悼念。

7月20日　星期一

下午

三時五十五分，在大直寓所以茶點招待美國在臺協會臺北辦事處處長丁大衛。

六時，見馬副局長英九。

7月21日　星期二

十時，在府主持軍事會談。

7月22日　星期三

上午

八時四十分，在中央黨部見李秘書長煥。

九時，主持中常會。在聽取中央政策會報告立法院
七十九會期審議重要議案經過後，主席指出今後行政院
從政同志在提出法案之前，應先與立法院同志進行溝
通，以使法案內容集思廣益，更趨完美與週延。並且期
勉立委同志記取本會期的經驗，虛心檢討，力求改進，
以使今後的立法工作更具成效，為國家為民眾做更多更
大的貢獻。此外會中內定由洪慶麟擔任勞工委員會副主
任委員，馬鎮方接任內政部政務次長。

下午
八時三十分，在大直寓所見李秘書長煥。

7月23日　星期四

今明令任命馬鎮方為內政部政務次長、洪慶麟為行政院
勞工委員會副主任委員。

上午
九時四十分，在府見沈秘書長昌煥。

人事任命

內政部政務次長　　馬鎮方
勞委會副主委　　　洪慶麟
青輔會副主委　　　蔣家興

7月24日　星期五

下午

三時四十二分，在府見鄭部長為元。

四時九分，見郝總長柏村。

四時五十五分，見宋局長心濂。

五時二十七分，見張副秘書長祖詒。

五時五十四分，見沈秘書長昌煥。

7月25日　星期六

鄭學稼教授之喪，今在臺北出殯，總統特頒「績學貽徽」輓額以悼念此一國際著名學者。

下午

四時廿一分，在大直寓所見俞院長國華。

七時三十六分，見李秘書長煥。

7月26日　星期日

國內各報華盛頓專電報導，華盛頓郵報今天以「臺灣的進步」為題發表社論，文中指出，中華民國政府的解嚴，是心理上與政治上前進的重要一步。該報推崇總統對民主大業的貢獻，並向中華民國政府致敬。

下午

四時十五分，在大直寓所見沈秘書長。

7 月 27 日　星期一

上午

九時四十五分，至圓山飯店理髮。

下午

三時五十五分，在府邀請地方父老黃運金、陳啟清、林茂盛、陳章慶、黃崇西、魏火曜、許金德、陳望雄、蔡鴻文、張文正、吳修齊、呂安德等十二人茶敘。

五時十八分，見沈秘書長昌煥。

五時四十分，見張副秘書長祖詒。

八時，在大直寓所見宋副秘書長楚瑜。

司法院長林洋港之令堂陳太夫人之喪禮今日在臺北舉行，總統特頒「教忠垂裕」輓額悼念，並派秘書長沈昌煥代表致祭。

7 月 28 日　星期二

上午

九時四分，在府見警備陳總司令守山。

九時三十二分，見救國團李主任鍾桂。

十時五分，接見多明尼加共和國眾議院議長瓦卡斯夫婦。

十時二十分，接見沈秘書長昌煥。

十時三十四分，見勞工委員會鄭主任委員水枝。

十時五十二分，見張副秘書長祖詒。

下午

四時十九分，在大直寓所見秦主任委員孝儀。

六時十六分，見李秘書長煥。

7月29日　星期三

上午

八時四十五分，在中央黨部見李秘書長煥。

九時，主持中常會，在聽取社工會主任趙守博工作報告後，主席指出時代與環境變化快速，執政黨應站在潮流的前端，主動改革，照顧廣大民眾的福祉，在經濟上尤應反對任何形式的剝削。同時指示研究改進現行田賦制度，並研究修改大學法。

十一時四分，至榮總五號學苑體檢。

下午

四時廿一分，在府見郝總長柏村。

四時四十六分，見沈秘書長昌煥。

五時廿二分，見張副秘書長祖詒。

八時六分，在大直寓所見秦主任委員孝儀。

7月30日　星期四

下午

四時十七分，在府見鄭部長為元。

四時四十八分，見丁部長懋時。

五時三十分，見李副總統。

五時五十四分，見沈秘書長昌煥。

7 月 31 日 星期五

全美臺灣同鄉聯誼會第十屆年會，今日在舊金山揭幕，總統特頒賀電，期勉集思廣益，為國家僑社作更大之貢獻。

中央社專電報導，美國眾議員艾斯皮在眾議院演說時，指出中華民國解除臺灣地區戒嚴後，有必要制定國安法，同時讚揚蔣總統對中華民國政治民主化的貢獻。

全美臺灣同鄉聯誼會第十屆年會賀電

全美臺灣同鄉聯誼會第十屆年會公鑒：

貴會自成立以來，秉持高度愛國熱忱，造福僑社，回饋鄉梓，貢獻卓著，殊堪嘉慰，當此政府加速推展民主憲政，積極結合海內外仁人志士，共創中興新局之際，欣聞貴會召開第十屆年會，至盼集思廣益，共策嘉猷，發揮團隊精神，凝聚智慧力量，為國家及僑社作更大之貢獻。特此致賀，並祝大會圓滿成功，諸君健康快樂。

8月1日　星期六

全美臺灣同鄉聯誼會第十屆年會今在美國加州舉行，總統特致電申賀。

前正聲廣播公司董事長李廉之喪，今日出殯，總統特頒「志業長昭」輓額，以示悼念。

下午

三時五十八分，在大直寓所見俞院長國華。

五時三十五分，見李秘書長煥。

九時十三分，見汪副院長道淵。

8月2日　星期日

下午

三時十七分，在大直寓所見李秘書長煥。

四時十五分，見沈秘書長昌煥。

八時二十八分，見郝總長柏村。

8月3日　星期一

上午

九時十七分，在府見鄭部長為元。

九時四十二分，見許主任歷農。

十時，見李副總統。

十時二十一分，見張副秘書長祖詒。

下午

四時起，在府分別約見陸軍總蔣總司令仲苓、海軍劉總司令和謙、空軍陳總司令燊齡、聯勤溫總司令哈熊，均由郝總長柏村陪見。

五時五十七分，見張副秘書長祖詒。

8月4日　星期二

今為回教忠孝節，總統特致電沙烏地阿拉伯王國國王法赫德申賀。

上午

九時八分，在府見鄭部長為元。

九時三十二分，見行政院張政務委員豐緒。

十時，主持軍事會談。

下午

五時十三分，在府見沈秘書長昌煥。

8月5日　星期三

上午

八時四十二分，在中央黨部見李秘書長煥。

九時，主持中常會。會中通過強化中常會功能案，以促進黨的健全發展。此外，會中並內定簡又新出任行政院環境保護署署長。

十時四十九分，見李秘書長煥。

下午

五時四十五分，在大直寓所見宋副秘書長楚瑜。

八時一分，見李秘書長煥。

8月6日　星期四

今明令任命簡又新為行政院環境保護署署長。

下午

五時，在大直寓所見秦主任委員孝儀。

8月7日　星期五

上午

八時四十五分，至圓山飯店理髮。

九時二十三分，在府見鄭部長為元。

九時四十五分，見沈秘書長昌煥。

九時五十八分，見立法委員黃河清、林庚申、梁許春菊
等三人，殷殷垂詢農民生活及中醫發展等問題。

十時三十四分，見沈秘書長昌煥。

十時四十五分，見革命實踐研究院吳副主任俊才。

十時五十五分，見軍事情報局盧局長光義，由郝總長柏
村陪見。

下午

三時五十八分，在中央黨部見李秘書長煥。

四時二分，見政策會趙秘書長自齊、梁副秘書長肅戎、
許副秘書長勝發、朱副秘書長士烈、黃副秘書長光平，

同時指出對集會遊行法，希望能於立法院下一會期中順
利通過，而中央民意代表充實的問題，也應盡速研擬週
延妥善的辦法。

四時五十三分，見李秘書長煥。

四時五十六分，見高副秘書長銘輝。

五時三分，見中央銀行張總裁繼正。

日本前首相岸信介逝世，總統特致唁電，表示哀弔
之意。

總統今頒褒揚令獎勉故僑選立法委員李合珠生前對日本
僑社的貢獻。

李合珠褒揚令

立法院立法委員李合珠秉性純孝，氣度恢宏，僑日
經商有成，熱心公益，致力國民外交，績效顯著，曾獲
兩國政府嘉獎。中日斷交之後，出任日本中華聯合總會
會長，並策劃成立日本地區三民主義統一中國大同盟，
於安定僑社，團結僑心，凝聚僑力，貢獻殊偉。七十二
年遴選為立法委員，益彰忠藎，茲聞溘逝，悼惜良深，
應予明令褒揚，以表遺徽。

8月8日　星期六
【無記載】

8月9日　星期日
下午

三時四十一分，在大直寓所見俞院長國華。

五時二十三分，見李秘書長煥。

8月10日　星期一
【無記載】

8月11日　星期二

日本前首相岸信介的葬禮今在東京舉行，總統致送「高風長仰」輓額，已示悼念，此一輓額是唯一陳列在靈堂的悼念文字，特別醒目。

下午

四時四十五分，在府見沈秘書長昌煥。

四時五十八分，見沈秘書長昌煥、張副秘書長祖詒。

五時五十二分，見鄭部長為元。

總統今特頒「軫懷僑彥」輓額，悼念八日逝世的僑務委員黃炎生前盡力服務僑社的功績。

8月12日　星期三
上午

八時四十七分，在中央黨部見李秘書長煥。

九時，主持中常會。會中通過財經小組所提減免田賦研究意見案，將由從政主管同志處理。又在討論社工會所

擬具的「中國國民黨現階段勞工政策綱領」草案後，主席並作指示，我們要秉持三民主義的均富政策，加強對勞工與農民的照顧與服務。此外，會中並通過由高銘輝兼任革命實踐研究院副主任。

8月13日　星期四
【無記載】

8月14日　星期五

今天國內各報刊載主席於上月八日中央常會中發表一篇談話，指示要做好解嚴後調適工作，並剴切期勉全黨同志要放棄自私自利的觀念，要消除心理上的弱點，糾正心理上的錯誤，大家互助合作團結起來為共同的目標而奮鬥。（此篇談話內容係刊登於八月份中央月刊中，今日各報均予轉載）。

七月八日中常會談話

　　臺灣省黨部、臺北市黨部、高雄市黨部，這三個黨部，近幾年來，工作都很辛勞，但也有許多值得檢討改進之處。如果以得失來衡量，的確是失多而得少。尤其是少數幹部同志的工作精神不能振作奮發，一遇到挫折就垂頭喪氣，一遭遇困難，就不知道如何克服，也有些人只為自己打算，沒有想到要如何來奮發圖強為黨貢獻。這是最應檢討的地方。

　　大家要知道敵人無所不用其極，隨時隨地都想要消滅我們，首先他要摧毀我們的意志，接著瓦解我們的組

織，最後就是要消滅我們中國國民黨，我們要自救救
國，就必須先健全我們的黨，將黨與民眾結合起來，使
我們的黨員，人人都能為黨犧牲奉獻。

談到要黨員犧牲奉獻的同時，我們也要瞭解黨員的
想法、尊重黨員的意見、照顧黨員的需要。當前本黨革
新的重點，最要緊的是要放棄自私自利的觀念，一切以
民眾的利益為第一，事事不忘民眾，時時服務民眾，
離開了民眾我們就失去了這一切。我們現在的處境誠然
是複雜、艱難、困苦，但是這都不要緊，我們都可以克
服，最要緊的，就是先要消除我們心理上的弱點，糾正
心理上的錯誤。我們彼此之間必須互助合作，大家團結
一起來為共同的目標而奮鬥。

導正思想觀念和提振革命精神靠訓練。上次我在常
會中，曾經特別強調訓練的重要。本黨的訓練工作，已
經到了必須澈底改革的時候，在上次常會講話之後，原
希望大家能有一次澈底的檢討，提出切實有效的作法。
今天如果我們不再振作，則最後就會導致我們的失敗。
環境如此的艱難，整個世界局勢如此的複雜，而在許多
地方我們幹部同志的表現又是如此的不積極不振作，忘
記革命的責任，遇事斤斤計較個人的利害得失，計較個
人升官發財，這種想法是非常可怕的。

今天聽了臺灣省黨部的報告，想到如果再不把這個
省黨部振作起來，集中智慧力量，拿出積極有效的作
法，將來的前途是很危險的。至於真正危險或不危險？
則完全是操之於我們自己，客觀的形勢固然不無影響，
而主觀的努力，才是決定一切的關鍵。在這一次黨中央

的人事調動以後，希望在工作上能有新的作法、新的氣
象，革除以往的積習，為黨再造朝氣蓬勃，積極向上的
新生。

最近我看了黨部的經費預算，知道經費的籌措十分
困難，因此，我以為大家應有一共同的警覺，就是要特
別的珍惜使用，切切實實用在對國民有益的事業之上。
如果我們隨便浪費，那就是不應當，而且得到的必然是
反效果。

現在民眾的知識一天比一天高，要求也一天比一天
多，因此我們的責任是一天比一天重。我們必須竭盡一
切努力去服務，克盡我們的責任，方能滿足民眾的願
望。對於黨和國家的前途，相信我們大家都有充分的信
心。儘管有人中傷誣衊我們，但是我們一心為國為民，
問心無愧，坦坦蕩蕩。為了實現革命理想，貫徹民主憲
政，本黨不斷的改革發展，一直在主導著時代的進步，
今後在總理、總裁革命思想的指引下，我們更要勇往直
前，邁向勝利成功之路。

對於此次黨的改革，我以為最要研究的還是組織的
問題，怎樣使黨的組織，能夠靈活健全，並與黨員的工
作、事業、學業配合起來，不要脫節，在此民主的時
代，尤其要加強民意代表黨部的組織，注意與民意代表
同志的聯繫工作，特別是要發揮民意代表互相合作、貫
徹政策，為黨犧牲奉獻的精神。

現在已經決定解嚴，解除戒嚴令是我們國家的一件
大事，這也是遵從總理、總裁一貫追求實行民主政治的
理想，並且早已決定的大方向。在這大轉變的時代，我

們不必去計較那些小地方，要從大處和遠處看。誠然目前仍有許多困難，但我們要克服這些困難，就要竭盡一切的力量去做，我們決不因解除了戒嚴而鬆懈，反而在處理各項問題時，要更加小心謹慎，一步一步紮紮實實地去做。在解除戒嚴令後，許多需要採取調適措施的作法，也許一時尚來不及，但是我們要做，要很認真地做；這個責任非常艱鉅，然而為了國家的前途，大家必須要有耐性，兢兢業業，全力以赴。

　　敵人是惡毒的，環境是困難的，但本黨革命的前途卻是光明的。我們有這樣多的黨員，有這樣大的組織，只要我們能把組織與組織結合起來，黨員與黨員結合起來，改正過去的一些缺點，就一定能發揮無比的力量，開創新的局面，這是我對各位同志的期望。

8月15日　星期六

今為大韓民國國慶日，總統特致電韓國大統領全斗煥申賀。

上午

九時四十六分，在府見張副秘書長祖詒。

九時五十七分，接見美國聯邦眾議員泰龍夫婦、曼頓夫婦。

十時二十五分，接見美國聯邦眾議員葛德斯、哈圖夫婦、盧肯士、貝倫格夫婦、布契拿夫婦。

十時三十九分，見張副秘書長祖詒。

8月16日　星期日

【無記載】

8月17日　星期一

世盟、亞盟、世青盟、亞青盟今在臺北市聯合舉行年度
大會，總統特頒賀詞，呼籲自由國家和人民，支援所有
被共黨統治地區的人民，從鐵幕內奮起摧毀鐵幕，推翻
暴政。

世盟、亞盟、世青盟、亞青盟
聯合大會書面賀詞

谷主席轉全體代表公鑒：

　　世界反共聯盟、亞洲太平洋反共聯盟暨世界青年自
由聯盟以及亞洲太平洋青年反共聯盟，今天在臺北市聯
合舉行年度大會，擴大結合全世界愛好自由人民，共同
為人類自由與共同安全而奮鬥，深具時代意義。

　　自由國家必須強化各地區自由力量，互助合作，促
進經濟、貿易、投資、科技、資訊以及文化等各方面的
交流與發展，以擴大社會福祉，提昇人民生活品質，纔
能有效杜絕共產勢力的滲透顛覆陰謀。

　　自由國家和人民，尤須積極支援所有被共黨統治地
區的人民，鼓勵他們在暴政下英勇推翻暴政，從鐵幕內
奮起摧毀鐵幕；使十億以上被共黨奴役的人民，和我們
共享自由；使二十世紀成為自由勝利的光輝世紀。

　　貴聯盟本屆大會，集全世界傑出的自由鬥士與青年
精英於一堂，共策嘉猷，深信必能為人類自由民主與世

界和平繁榮提供積極貢獻。特此申賀，並祝大會圓滿成功，各位代表健康愉快！

8月18日至19日　星期二至三
【無記載】

8月20日　星期四
下午
二時二十三分，至圓山飯店理髮。
三時十九分，在府見郝總長柏村。
三時五十五分，見張副秘書長祖詒。
四時二十七分，見沈秘書長昌煥。

8月21日　星期五
上午
九時十三分，在府見戰略顧問劉安祺將軍。
九時五十三分，見沈秘書長昌煥。
十時五分，接見巴拿馬立法議會議長狄阿士夫婦。
十時二十八分，接見美國國會西裔眾議員訪問團，包括眾議員托瑞斯夫婦、馬蒂尼茲、歐蒂茲、巴斯達曼德夫婦、法斯特夫婦、布拉茲夫婦及美前白宮禮賓處處長法戴斯。
十時五十八分，見沈秘書長昌煥。
十一時一分，見環保署簡署長又新，並有所期勉。
十一時十三分，見駐美程副代表建人。

下午

六時二十分，在大直寓所見汪副院長道淵。

8 月 22 日　星期六
下午

五時五分，在大直寓所見俞院長國華。

8 月 23 日　星期日
中華青年棒球隊今在美重新奪回世界青棒冠軍錦標，總統特去電致賀。

上午

十一時十七分，在大直寓所見秦主任委員孝儀。

下午

四時三十四分，在大直寓所見李秘書長煥。
六時三十三分，見郝總長柏村。

致中華青年棒球隊賀電
駐亞特蘭大辦事處轉中華青棒隊全體隊職員們：

你們奮戰不懈，贏得光榮勝利，表現我中華青年堅忍團結的精神，至感欣慰，特電致賀。

8 月 24 日　星期一
今為烏拉圭共和國獨立紀念日，總統特致電該國總統桑吉內提申賀。

立法委員唐嗣堯之喪今日出殯，總統特頒「讜論流徽」
輓額，以示悼念。

下午
六時一分，在大直寓所見宋副秘書長楚瑜。
七時四十六分，見宋局長心濂。

8月25日　星期二
上午
九時四十七分，在府見警備陳總司令守山。
十時六分，主持軍事會談。
十一時廿九分，見俞院長國華。

8月26日　星期三
上午
八時五十分，在中央黨部見李秘書長煥。
九時，主持中常會。在討論通過「中國國民黨現階段勞
工政策綱要」時，主席指示行政單位同志，應切實根據
勞工政策綱要，研究修訂勞工政策，以落實照顧勞工權
益。此外，在聽取交通部長郭南宏所提「都市交通的問
題與對策」的報告後，主席指出，現代化的都市，應有
現代化的交通，有關目前都市交通的改善問題，應予妥
善規劃對策，同使指示政治小組對交通部門所提的對策
方案加以審議，並將審議結果提報中常會核議。

中國國民黨現階段勞工政策綱要

　　本黨基於民生主義之主張，審度國家社會與經濟之發展趨勢，針對勞工當前所面臨之問題，訂定本綱要，以求達成維護勞工權益，增進勞工福祉，調和勞資關係，促進社會進步之目標。

一、依據我國憲法並參酌國際勞工公約保障勞工權益。

二、積極倡導勞資合作，兼顧勞資雙方權益，共同努力發展經濟建設。

三、培養企業與職業倫理精神，發揚仁愛互助之傳統美德，建立和諧健康之理想社會。

四、修正「工會法」健全工會組織，發揮工人組織之服務功能。

五、貫徹執行「勞動基準法」，尤對女工與童工之保護，應予重視；並衡酌國家經濟及社會發展情況，適時加以修正。

六、適時調整基本工資，保障勞工合理待遇，並推廣勞工分紅、入股制度，確保勞工公平分享國家經濟建設發展之成果。

七、重視職工福利，促使各事業單位依規定提撥職工福利金，並適時修訂「職工福利金條例」。

八、改進勞工保險業務，改善勞工保險給付，並研究逐步規劃實施勞工眷屬保險、退休勞工健康保險暨失業保險。

九、強化勞工檢查功能，加強勞工職業病之研究及預防，確保勞工工作環境之安全衛生，及維護勞工合理之勞動條件。

十、辦理勞工教育，鼓勵勞工進修，加強職業訓練，增
　　進勞工知能，實現勞工充分就業之目標。

十一、提倡勞工正當休閒活動，設立勞工休閒育樂場
　　　所，並充實其設備，以滿足勞工之需要。

十二、舉辦長期低利勞工住宅貸款，協助勞工建購住
　　　宅，並於勞工密集地區興建單身勞工租用宿
　　　舍，解決其住宿問題。

十三、加強勞工諮詢服務功能，協助勞工就業、轉業，
　　　並提供生活輔導暨法律服務。

十四、完成「勞資爭議處理法」修訂之立法程序，設置
　　　勞工法庭，有效解決勞資爭議事件。

8月27日　星期四

【無記載】

8月28日　星期五

上午

九時四十六分，在府見沈秘書長昌煥。

十時，接見宏都拉斯共和國新任駐華大使傅羅雷斯，並
接受到任國書。

十時三十分，接見美國聯邦眾議員陸易斯夫婦、伍甘娜
薇琪及其夫婿、蓋羅、包斯柯、史密斯夫婦、史鐸林夫
婦、賀傑爾夫婦。

下午

四時五十四分，至士林官邸覲見先總統夫人。

六時十八分，在大直寓所見李秘書長煥。

王永慶、王永在捐資興學，總統核定頒發匾額，今由教育部長毛高文代表轉頒。

8 月 29 日　星期六
總統頒贈榮譽紀念章給予臺北地方法院庭長陳聰明，以表彰他對司法的貢獻。該項紀念章係由司法院長林洋港於今日司法院動員月會中代為頒發。

8 月 30 日　星期日
中華少棒隊今榮獲世界少棒賽冠軍，總統特去電致賀。

下午
九時十四分，在大直寓所見李秘書長煥。

致中華少棒隊賀電
駐美代表處轉中華榮工少棒隊全體隊員職員們：

你們英勇奮戰，光榮衛冕成功，揚名海外，表現我中華少年團結進取的精神，至感高興，特電致賀。

8 月 31 日　星期一
中華成棒隊今在日本榮獲第十四屆亞洲杯冠軍，總統特去電致賀。

行政院院長俞國華今至金門前線巡視，特轉達總統關懷

戰地軍民之德意。

下午

四時四分，至圓山飯店理髮。

五時九分，在府見張副秘書長祖詒。

五時四十二分，見沈秘書長昌煥。

致中華棒球隊賀電

日本東京亞東關係協會馬代表請轉中華成棒代表隊謝領隊轉致全體隊職員們：

你們在第十四屆亞洲盃成棒賽中，團結合作，戮力奮鬥，發揮高超球藝，勇奪冠軍，為國爭光，國人同引為榮，特電致賀。

9月1日　星期二

上午

八時五十五分，在府主持座談。參加人員有俞院長國華、沈秘書長昌煥、李秘書長煥、鄭部長為元、郝總長柏村、宋局長心濂。

十時三十分，見郝總長柏村。

9月2日　星期三

【無記載】

9月3日　星期四　第三十三屆軍人節

總統特頒書面致詞，勗勉官兵發揚抗戰精神，堅定立場信念，克盡厥責，加強備戰，為反共復國大業，爭取最後的勝利。

今為更生日報創刊四十週年，總統特頒贈「發揮輿論功能，促進社會團結」題詞，另以中國國民黨主席的身分頒發獎狀，以示嘉勉。

民國七十六年軍人節暨莒光楷模表揚大會
書面致詞

鄭部長、郝總長、並轉各位莒光楷模及全體將士：

　　今天是第三十三屆軍人節，也是抗戰勝利紀念日，當此三軍將士歡渡佳節，及國防部舉行七十六年莒光楷模表揚大會之時，經國除向全體將士及各位楷模，表示祝賀外，並提出幾點期望，與各位共勉：

第一、記取勝利經驗，發揚抗戰精神：

對日抗戰是一場極其艱苦的戰爭，全國軍民都能深刻體認到，國家存亡民族絕續在此一戰，人人服膺「國家至上，民族至上」的信念，個個下定不成功便成仁的決心，精誠團結，共赴國難，充分發揮了不屈不撓、堅苦卓絕的抗戰精神。我們紀念抗戰勝利，就應該效法及發揚抗戰精神，來完成反共復國的使命。

第二、堅定立場信念，粉碎敵人陰謀：

今日反共復國的戰爭是以思想為本質的總體戰，我們除了要防範敵人的武力進犯，更須警惕其統戰蠱惑和滲透顛覆。尤其要當心共黨及其同路人「利用民主打擊民主，利用自由摧毀自由」的一貫伎倆，以我們自由開放的社會，做為其顛覆活動的溫床。為了確保我們國家的安全，社會的安定，我全體官兵，必須堅定立場，齊一信念，矢勤矢勇，粉碎敵人陰謀詭計。

第三、珍惜既有成就，邁向光明坦途：

我們在復興基地三十多年的團結奮鬥，克服了無數艱困險阻，已為三民主義統一中國大業，奠定了良好的基礎。但是，我們千萬不可忘記中共仍竊據大陸，時刻威脅著我們的生存，我們更不可因繁榮富裕而苟安逸樂，因自由民主而恣意放任，希望我們都能珍惜得來不易的成就，人人有居安思危之心，時時存毋忘在莒之念，萬眾一心，為光復大陸解救同胞而共同努力奮鬥。

政府明定「九三」抗戰勝利紀念日為「軍人節」，不僅在表彰國軍官兵，為贏得抗戰，犧牲奮鬥的不朽貢獻，尤在策勉我三軍將士繼承光榮傳統，再創勝利新

局。國軍自黃埔建軍以來，始終都是國家的中流砥柱，保國衛民，屢建殊勳。當此敵消我長、中興在望之時，尤望我全體將士，克盡厥責，加強備戰，為反共復國大業，爭取最後的勝利！

祝各位健康愉快，事業成功！

9月4日　星期五
【無記載】

9月5日　星期六
彰化縣農會理事長劉水代表全縣農民以一枚孔雀開屏狀的鳳梨，請臺灣省府邱主席轉呈總統，以表達感謝總統關懷農村照顧農民的德意。

下午

四時三十三分，在大直寓所見俞院長國華。

9月6日　星期日
今為史瓦濟蘭王國獨立紀念日，總統特致電史國國王恩史瓦帝三世申賀。

下午

五時三分，在大直寓所見李秘書長煥。

9月7日　星期一
下午

五時十九分，在府見沈秘書長昌煥。

五時三十八分，見張副秘書長祖詒。

9月8日　星期二

俞院長國華今日抵達馬祖前線巡視，特轉達總統關懷戰地軍民的德意。

9月9日　星期三

今為我國第四十屆律師節，總統特頒書面致詞以賀勉之。

律師節書面致詞

中華民國律師公會全國聯合會轉全體會員鈞鑒：

欣逢第四十屆律師節，全國律師熱烈集會慶祝，實有深刻意義。諸君從事法律工作，維護公理正義，貢獻良多。茲當國家建設加速開展、反共復國再創新機之際，深信諸君必能善體本身職責之重大，砥礪志節，發揮所學，為保障人權，勵行法治而努力。值此佳節，特致賀忱，並祝大會成功。

總統　蔣經國

9月10日　星期四
下午

八時八分，在大直寓所見李秘書長煥。

9月11日　星期五
上午

九時二十六分，在府見退輔會張主任委員國英。

九時五十一分，見沈秘書長昌煥。

九時五十六分，接見哥斯大黎加共和國國會議長柏立奧夫婦。

十時十八分，見沈秘書長昌煥。

十時三十六分，見立委黨部林書記長棟。

9月12日　星期六
下午

八時七分，在大直寓所見汪副院長道淵。

9月13日　星期日
上午

八時四十分，在大直寓所見李秘書長煥。

十時五分，見俞院長國華。

下午

四時二分，在大直寓所見郝總長柏村。

五時四十八分，見沈秘書長昌煥。

八時十一分，見李秘書長煥。

九時四十五分，見秦主任委員孝儀。

9月14日　星期一
上午

九時十七分，至圓山飯店理髮。

九時五十七分，在府見宋副秘書長楚瑜。

十時二十五分，見郝總長柏村、許主任歷農。

十一時四分，見沈秘書長昌煥。

9月15日　星期二

今為哥斯大黎加、薩爾瓦多、宏都拉斯、瓜地馬拉等國
國慶日，總統特分別致電各國總統申賀。

上午

五時五十六分，在大直寓所見李秘書長煥。

九時十二分，在府見海軍劉總司令和謙。

九時三十四分，見沈秘書長昌煥。

九時四十八分，見馬防部夏副參謀長龍。

九時五十五分，主持軍事會談。

十一時十九分，見俞院長國華。

下午

五時十六分，在大直寓所見俞院長國華。

9月16日　星期三

上午

八時三十三分，在中央黨部見李秘書長煥。

八時四十五分，見袁中常委守謙。

九時，主持中常會。在聽取社工會主任趙守博所提「當
前社會治安問題民眾反映意見社調報告」後，主席剴切
勉勵從政同志，時時要以國民大眾的福祉著想，用嚴正

執法的精神確保法治，以照顧全民的心懷來促進民主，相互共勉，勇往直前。此外，主席並提議由李登輝、俞國華、倪文亞、吳伯雄、何宜武等五位中常委組成專案小組，審議國人赴大陸「返鄉探親」的原則，並將結論，提報中常會討論。並獲常會通過。

十時十四分，見李秘書長煥。

十時二十五分，在府見郝總長柏村。

十時三十五分，見沈秘書長昌煥。

十時四十五分，見張副秘書長祖詒。

十二時四十八分，在大直寓所見宋局長心濂。

下午

四時，在大直寓所見秦主任委員孝儀。

五時二十四分，見宋副秘書長楚瑜。

中常會講話

　　本年七月十五日，政府宣布臺灣地區解嚴，同時接連採取或正在研議許多改革的措施，使我國在政治和經濟發展上，都跨進了另一個新的境界。面對新的形勢，產生若干新的現象，大家有很多不同的意見和看法，有的認為步調太快：有的認為太慢。有的感到迷惘；有的則認為那是調適期間的常態。但是，政府和執政黨，始終把目標看得很清楚，掌握住正確的方向，踏著穩健的腳步，絕對不會迷失。我們堅守的原則是：堅決屬行民主憲政，確切保衛國家的安全，不因任何困難而卻步，更不會因任何阻礙而改變我們的堅定立場。

　　不過，大家必須瞭解，解嚴以及改革的種種措施，目的是要我們的國民，更能自由發揮智慧，發展能力，更有公平的機會，更民主的環境，去創造每個人自己的幸福，促進個人的事業，帶動社會的進步，開展國家的前途。決不是自由到讓大家可以不負責任、不顧法律、不要秩序，甚至丟掉了我們文化中寶貴的道德倫理，陷社會於混亂，影響到國家安全。我知道，絕大多數善良的民眾，平時一向守法守分，並不過分在意變革的快慢和大小，最關心的是大家能繼續安居樂業，提高國民生活品質；倒是他們看到近來若干騷擾公眾和暴力破壞的不法行為，心中一定十分沉痛。這大多數守法守分的民眾，有要求維護安定的權利，有要求保障安全的權利，所以政府一定要切實負責來照顧到多數人的願望，保障多數人的福祉，予不法分子應有的法律制裁。同時更希望大家，伸張公眾的正義力量，共同保持法治社會可貴的安寧與秩序。

　　目前，中共仍然時時威脅著我們復興基地的安全，並且不斷揚言，企圖要以武力犯臺；因之，我們必須充分提高警覺，加強戒備，不予敵人可乘之機。兩個月前的宣布解嚴，雖然表示，我們經濟社會發展的成果，已經累積到具有足夠的信心與能力來實施更進一步的民主政治，但仍並非意謂，我們國家已經處於完全的平常時期。如果我們因解嚴而陷於紛亂，那麼正好予敵人「以民主破壞民主，以自由摧毀自由」的大好機會，使我們過去辛勤建設的成果，變得一無所有，實應加倍警惕。

　　本黨以執政黨立場，重申力行民主政治是一個非常

嚴肅的課題，也是我們反共復國最有利的武器，必須以
莊重負責的態度來進行，以不成不止的意志來貫徹。政
府有循此目標實踐民主憲政的責任，同時也更有維護憲
政基礎，保衛國家安全，和保障國民生命財產的責任。
深望所有本黨從政同志，時時要以國民大眾的福祉著
想，用嚴正執法的精神來確保法治，以照顧全民的心懷
來促進民主，相互共勉，勇往直前。

9 月 17 日　星期四

上午

九時二十一分，在府見李副總統。

九時四十分，見國防部軍事情報局黃局長世忠。

九時五十五分，見警備陳總司令守山。

十時二十一分，見沈秘書長昌煥。

十時五十四分，見林院長洋港。

下午

四時五十七分，在大直寓所見宋副秘書長楚瑜。

9 月 18 日　星期五

上午

九時三十分，在府見鄭部長為元。

九時五十二分，見沈秘書長昌煥。

十時二十七分，見張副秘書長祖詒。

下午

三時四十分，在府見馬副局長英九。

四時，接見美國戰略學會會長克萊恩博士夫婦。

四時二十八分，見沈秘書長昌煥。

9月19日　星期六

下午

二時三十一分，在大直寓所見李秘書長煥。

四時十五分，見俞院長國華。

七時五十分，見秦主任委員孝儀。

9月20日　星期日

上午

十時，在大直寓所見宋副秘書長楚瑜。

下午

四時四十六分，在大直寓所見沈秘書長昌煥。

9月21日　星期一

【無記載】

9月22日　星期二

上午

八時五十分，在府見李副總統。

九時七分，見俞院長國華。

九時二十五分，見倪院長文亞。

九時五十六分，見宋局長心濂。

9月23日　星期三
今為沙烏地王國國慶日，總統特致電沙國法赫德國王申賀。

上午
八時四十五分，在中央黨部見李秘書長煥。

九時，主持中常會，在聽取常會財經小組所提「經濟部加強工商登記服務業務現況與改進重點」報告的審議結論後，主席指出，工商業發展與政治進步有密切關係，脫法的自力救濟會阻礙我們經濟發展，脫序行為則會影響我們民主政治的發展，我們一定要致力建立一個遵守法律與秩序的社會。接著聽取了內政部營建署長張隆盛的「建築管理之現狀與改進方向」報告後，再行指出，建築管理問題是當前行政改革的重要工作之一，希望有關單位繼續對這一問題作深入的研究，提出具體計畫，貫徹實施，以改進為民服務的工作。

九時五十九分，見許市長水德。

十時五分，見宋副秘書長楚瑜。

總統體念三軍將士駐守前線之辛勞，特頒發秋節加菜金，三軍官兵對總統的關懷德意，均表振奮。

中常會指示重視當前建築管理四項問題
（1）建築計畫問題：不僅要注意近程計畫，也要兼

　　　顧中、遠程計畫，以配合長遠的國家整體建設

　　　計畫。

（2）行政風氣問題：不僅在審核、安全檢查等方面要

　　　密切協調配合，更需要注意縮短處理的時間，讓

　　　民眾感到方便。

（3）建築安全問題：有些公有或私人的建築，常發生

　　　偷工減料的問題，影響安全至鉅，應嚴格防範。

（4）建築與交通管理配合問題：建築不得當，會形成

　　　很多交通處理上的困難，應設法避免與改善。

9月24日　星期四

【無記載】

9月25日　星期五

上午

十時四十七分，至總統府介壽堂巡視。

下午

四時十八分，在大直寓所見沈秘書長昌煥。

八時二十五分，見俞院長國華。

9月26日　星期六

上午

九時十四分，至總統府介壽堂巡視。

九時二十八分，見沈秘書長昌煥。

下午

四時三十七分，在大直寓所見秦主任委員孝儀。

六時六分，見李秘書長煥。

八時二十七分，見郝總長柏村。

總統犒賞馬祖前線官兵的秋節加菜金，今天已撥發至防區，戰地官兵對總統的關懷德意深感振奮。

9 月 27 日　星期日

上午

九時二十四分，在大直寓所見俞院長國華。

十時三十六分，見秦主任委員孝儀。

十一時八分，至後山水庫散步。

下午

三時五十五分，在大直寓所見沈秘書長昌煥。

五時五十分，見汪副院長道淵。

9 月 28 日　星期一　七十六年教師節

總統特頒賀詞向全國教師賀節，並期望大家彼此互勉，專心一志為復國建國的大業早日實現，而共同努力奮鬥。

上午

十一時二分，在大直寓所後山水庫散步。

下午

六時一分，在大直寓所見中視公司馬董事長樹禮。

教師節賀詞

俞院長、毛部長、各位教師同仁：

今天是中華民國七十六年教師節，經國首先向全體終年辛勞，為國育才的教師同仁，表示由衷的敬佩與感謝之忱。

我們都知道，教育是立國的根本。國家的進步是由於教育的普及，社會的健全發展也端賴教育的推動。教育的目的除了知識的傳授以外，更重要的是人格的陶冶。孔子曾說過：「君子務本，本立而道生。」唯有培養下一代正確的倫理觀念與健全的人格發展，才是國家社會振衰起蔽，激濁揚清的根本之圖。

各位教師同仁，我們今日所面對的是一個偉大的時代，也是一個充滿了考驗的時代，如何傳承中華文化的精華，深體客觀環境的變化，以孔子誨人不倦的精神從事教育工作，是教師們的共同責任。先總統蔣公也昭示我們，要「啟發學生的思考力、判斷力與創造力，激勵學生的愛國心、公德心與責任心。」唯有如此，才能配合國家長期發展需要，培育建設三民主義新中國的有為青年。

教育是神聖的事業，優良的教師是國家的瑰寶。希望大家彼此互勉，專心壹志，為復國建國大業的早日實現，而共同努力奮鬥。敬祝各位佳節愉快，事業成功。

總統　蔣經國

9 月 29 日　星期二
下午

五時二十五分，在大直寓所見秦主任委員孝儀。

六時四十五分，見李秘書長煥。

9 月 30 日　星期三
總統今特撥發中秋節專款，慰問大專院校教師教學之辛勞。

上午

十時四十五分，在大直寓所見宋副秘書長楚瑜。

下午

五時四十四分，在大直寓所見沈秘書長昌煥。

七時四十九分，見聯勤溫總司令哈熊。

10月1日　星期四

今為吐瓦魯獨立紀念日，總統特致電吐國總督勒班納爵士申賀。

下午

三時五十四分，在大直寓所見教廷周大使書楷。

六時二十五分，見秦主任委員孝儀。

八時，見宋副秘書長楚瑜。

10月2日　星期五

下午

三時五十八分，在大直寓所見郝總長柏村。

五時二十二分，見李秘書長煥。

八時十分，見俞院長國華。

10月3日　星期六

總統今派人致贈月餅水果向俞資政大維賀節。

10月4日　星期日

上午

八時五十一分，在大直寓所見宋局長心濂。

十時一分，見臺灣銀行孫董事長義宣。

十一時，見秦主任委員孝儀。

下午

五時，在大直寓所見宋副秘書長楚瑜。

10 月 5 日　星期一
【無記載】

10 月 6 日　星期二
下午

五時五分，在大直寓所見秦主任委員孝儀。

六時一分，散步。

10 月 7 日　星期三
下午

三時十分，在大直寓所見秦主任委員孝儀。

三時十二分，散步，由秦主任委員孝儀陪同。

四時五十三分，見李秘書長煥。

八時五分，散步。

10 月 8 日　星期四
下午

五時八分，在大直寓所見沈秘書長昌煥。

七時二十五分，散步。

八時二十三分，見汪副院長道淵。

10 月 9 日　星期五
【無記載】

10 月 10 日　星期六　我國七十六年國慶
總統特發表國慶祝詞，期勉同胞凝聚主觀力量，朝民

主憲政方向前進，以三民主義為導引，完成反共復國
大業。

上午

八時十九分，至士林官邸向先總統夫人請安。

九時，主持中樞國慶典禮。

九時二十八分，接受駐華使節及訪華外賓觀賀。

十時二十二分，蒞臨國慶大會發表談話，勉勵海內外同
胞更緊密的團結，摧毀中共暴政，還給大陸同胞民主自
由的生活。

下午

五時七分，在大直寓所見秦主任委員孝儀。

八時十七分，見宋副秘書長楚瑜。

國慶祝詞

親愛的父老兄弟姊妹們：

中華民國七十六年，在我們國家發展的進程上，是
進入新時代的一年，是具有深遠影響的一年，使今年國
慶日的光輝，格外輝煌，格外明亮；也使我們瞻望未
來，更加充實了信心，充滿了希望。

時代的演變，正在加快腳步，但方向掌握在我們自
己手中。今天所做種種政治上的改革、經濟上的創新，
都是我們過去厚植民主基礎與民生均富開展的結果。往
後奮鬥目標，要在凝聚我們主觀的力量，突破客觀的困
難，堅強團結，朝著既定的民主憲政方向前進，迎接開

闊的新局，創造更好的明天！

　　中華民國開國、建國的歷程，處處留下了先烈先賢用生命與血汗鋪成的軌跡。國父高瞻遠矚，首創三民主義，為中國前途立下了「民有、民治、民享」的宏規。先總統蔣公堅苦卓絕，頒行憲法，揭開了民主憲政的紀元。七十多年來，國家雖然多難，但我們革命開國的精神，民主建國的志節，鍥而不捨，始終如一。苦難激發了堅忍圖強的毅力，團結加強了奮鬥進取的決心，使我們一致明確認定，全力反共，建設三民主義的民主共和國，是我們唯一可走的康莊大道。

　　今日政府的一切施政，不論是有所變、有所不變，或者是有為、有所不為，都是出於至誠，本於大公，以鞏固國家民族利益為先，以增進國民大眾福祉為重。在此原則之下，我們已經樹立了全民的共識，政治上以邁向自由、民主、法治，經濟上以追求均富、繁榮、豐足為標竿，協力同心、建立安和、樂利、平等的現代社會。我們深信，復興基地愈快發展，中共愈顯落後。因之，全體軍民同胞多一分努力，多一寸進步，便對中共暴政多一分壓迫，給大陸同胞多一分希望，也就是早一日可以完成反共復國的大業。

　　國際情勢錯綜複雜，一個國家在世變紛繁中能夠堅強屹立，並非單憑軍隊武力的壯大，主要還在其能堅守立國的精神，具有正確的國家建設目標，人民皆有忠於國家的愛國良知，以及全民團結的努力。中華民國所持的立國精神是勇於維護公理正義，一如我們國旗中青天白日所象徵的純潔高遠，光明正大，我們的國家建設，

以三民主義為導引，有福國利民的理想與計畫。我們更
有忠勇勤奮的全體軍民，深知無人能自外於責任、自外
於國難的道理，同為國家目標而戮力奮鬥，這些因素構
成了我們國家的生命力，使中華民國在世局艱難中莊敬
自強，卓然自立，既以反共中流砥柱自認，更為所有開
發中國家創造成功的範例。

歷史能將過去各時代的光輝投射到今日，偉大的辛亥
雙十已經長留青史。如今我們正為自由民主統一中國寫下
新的史章，讓未來的時代永遠照到青天白日的光芒！

親愛的父老兄弟姊妹們，有恆的力行不懈，方能保
證我們必然的成功，讓我們齊心的攜手，樂觀精進，迎
接最後的勝利，也讓我們同聲歡呼：
三民主義萬歲！中華民國萬歲！

國慶大會致詞
親愛的父老兄弟姊妹們，以及海外歸國的僑胞們：

今天是中華民國七十六年國慶，看到大家精誠團
結、四海歸心，這正是我們三民主義統一中國必勝必成
的最大力量。

親愛的同胞們，讓我們海內外更緊密的團結在一起，
把實質的反共心理投向大陸，摧毀中共暴政，還給大陸
同胞民主自由生命，帶給他們青天白日滿地紅的光輝。

三民主義萬歲！中華民國萬歲！萬歲！萬萬歲！

美國眾議院議長賴特國慶賀詞
欣逢貴國國慶，本人謹向閣下及勤勉的中華民國人

民申致賀忱。中美兩國關係密切友好，兩國雖因貿易政策偶有異見，但兩國因基於共同的建國理想與立國基礎，此種緊密關係將更加穩固。

　　本人以美國眾議院議長身分及代表本人故居德州伏特沃斯鎮堅強支持中華民國的人民，謹再致賀忱。

10 月 11 日　星期日
上午

八時四十六分，在湖口基地見郝總長柏村。

九時二分，主持國軍僑泰演習，並作了簡短的致詞，首先感謝僑胞們多年來支持自由祖國反共復國的赤誠。同時期勉海內外同胞，團結奮鬥在一起，無畏任何艱苦困難，以實現國父及先總統蔣公所定的三民主義大同理想。

下午

四時二十八分，在大直寓所見郝總長柏村。

五時十七分，見秦主任委員孝儀。

10 月 12 日　星期一
下午

二時四十七分，在大直寓所見馬副局長英九。

四時，見沈秘書長昌煥。

五時十五分，散步。

七時五十七分，見汪副院長道淵。

10月13日　星期二
下午

四時四十七分，在大直寓所散步。

六時十五分，見俞院長國華。

八時四十五分，見宋副秘書長楚瑜。

10月14日　星期三
上午

八時四十三分，在中央黨部見李秘書長煥。

八時五十分，見謝資政東閔。

九時，主持中常會。會中通過了五人專案小組所提有關國人赴大陸探親三點原則，至於有關細節則交行政院主管同志研處。接著，主席在聽取中委會副秘書長馬英九赴歐洲訪問報告後指出，我們反共的奮鬥是國際性的奮鬥，因此，今後本黨應加強與世界各友好國家民主政黨的聯繫與往來，以增進本黨國際關係，提昇我國國際地位，開創國家光明前途。此外，又聽取了有關華僑在國內外慶祝國慶活動情形的報告後指出，執政黨是海內外同胞希望之所寄，因此全黨同志一定要努力貫徹執政黨的政策與主張，使執政黨不負各方的期望，帶動國家達到最後成功的目標。主席在會中並勉勵大家說，我們要在富裕中創造更大的富裕，必須懂得「賺錢要正當，花錢要得當」的道理，如此才能累積經濟建設的更大成果，厚植更堅實的國力。

總統今日致函馬祖陳福妹女士，感謝她贈送餛飩皮的

誠意。

五人專案小組有關國人赴大陸探親三點原則

——反共國策與光復國土目標不變。

——確保國家安全，防制中共統戰。

——基於傳統倫理及人道立場的考慮，允許國民赴大陸
探親。

10 月 15 日　星期四

上午

八時三十五分，在府見許主任歷農。

八時五十五分，見沈秘書長昌煥。

八時五十七分，見立法委員饒穎奇、許勝發、李宗仁，
並有所期勉。

九時十三分，見沈秘書長昌煥。

九時二十分，見國策顧問吳俊才。

九時二十七分，見臺北市黨部陳主委金讓、荊副主委鳳
崗、張副主委榮林、伊副主委竑。

九時三十四分，見海軍劉總司令和謙。

下午

四時，在大直寓所以茶會款待美國在臺協會理事主席羅
大維。

五時七分，散步。

八時五十二分，見李秘書長煥。

總統今題頒「懿德揚芬」輓額，悼念總統府資政黃少谷

的夫人侯叔方女士之喪。

10月16日　星期五

上午

八時三十五分，在府見馬副局長英九。

八時五十二分，見高副秘書長銘輝。

九時五分，見組工會潘主任振球。

九時十六分，見救國團李主任鍾桂。

九時三十六分，見王秘書堃和。

下午

五時，在大直寓所散步。

九時七分，見宋副秘書長楚瑜。

哥斯大黎加總統阿里亞斯榮獲一九八七年諾貝爾和平獎，總統特致電申賀。

10月17日　星期六

今為海軍軍官學校建校四十週年校慶，總統特頒「以舳艫千里的搖籃，立海上長城之宏基」訓勉全校師生。

下午

四時四十四分，在大直寓所見俞院長國華。

五時三十三分，散步。

海軍軍官學校慶祝建校四十週年
全體師生上總統電

總統鈞鑒：

　　葭蒼露白，霜肅風高，際茲丁卯仲秋之杪，欣逢海官丁亥創校四十週年。緬懷領袖締造覆幬之楷範，銜銘鈞座陶成垂矚之殷期，吾輩師生，莫不在艱彌勵，一本無私忘我之犧牲奉獻精神，堅持勤儉建軍之鍊精蓄銳抱負，率循忠義軍風，傳習航輪知技。回顧海戎興教籌辦至今，歷屆盈千累萬莘莘校友，俱能從冒險犯難之憂患遭難中，展樹艱辛志業，咸凝聚同舟共濟的相依為命間，發揮團結力量，屢克膺懲凶頑，寫下海疆史蹟。值此跨入建校五十年代初階之時，謹當益勵忠勤，倍加奮勉，為教學盡心竭力，為圖強勇邁進程，來日在元戎揭櫫三民主義統一中國大纛指揮之下，矢將擁駕前驅，為橫海中興效命，肅電申敬，伏祈睿察。

10 月 18 日　星期日

下午

三時五十八分，在大直寓所見沈秘書長昌煥。

五時三十七分，散步。

七時四十五分，見汪副院長道淵。

10 月 19 日　星期一

三軍五校聯合畢業典禮今在復興崗舉行，總統特頒「充實自己、堅定信心、完成中興大業」書面致詞，訓勉全體應屆畢業同學。

上午

九時四十六分，在府見張副秘書長祖詒。

下午

四時四十五分，在大直寓所散步。

陸海空軍軍官學校、政戰學校和國防管理學院三軍五校聯合畢業典禮書面致詞

各位同學：

今天是陸海空軍軍官學校、政治作戰學校和國防管理學院三軍五校聯合畢業典禮。從今天起各位就是中華民國軍軍官，經國首先要向各位同學和家長們道賀，也要向辛勞的教職官們致謝。

三軍五校都是先總統蔣公手創，一脈相傳的革命學府。其共同的教學宗旨，不僅要造就術德兼修、允文允武的現代軍官，更重要的是要培養救國救民、以實現三民主義為職志的革命幹部。在此各位即將展開畢生抱負、邁向光明前途的時候，經國特提出下列幾點意見和各位共勉：

第一、心懷大志，時時充實自己：畢業只是養成教育
　　　的完成，與遠大事業的開端。「革命的基礎在
　　　高深的學問」，古今學問，浩如淵海，廣闊無
　　　垠。唯有不斷的充實自己、磨練自己，才能提
　　　昇自己、與時俱進，做時代的前鋒，做同儕的
　　　表率，為國家挑起繼往開來的重任，為自己創
　　　造光明遠大的前程。

第二、堅定信心,念念爭取勝利:任何偉大的事業,
　　　絕無輕易成功之理,唯有堅定不移的信心和決
　　　心,才是贏得最後勝利的憑藉。當此反共復國
　　　大業突破困境,再創新機的關鍵時刻,各位身
　　　為三民主義信徒,尤須堅持反共到底的決心,
　　　發揮在艱彌屬的定力,砥礪忠貞不貳的志節,
　　　無憂無懼,念茲在茲,為開創國民革命的歷史
　　　新頁,而奮鬥到底。
第三、放眼大陸,完成中興大業:保國衛民是軍人的天
　　　職。當茲國土未復,共匪未滅,大陸十億同胞
　　　仍在暴政奴役之下,我們革命軍人,不僅要枕
　　　戈待旦,隨時惕勵,鞏固基地的安全,更應喚
　　　起民眾,振奮民心,放眼大陸,志在千秋,肩
　　　負起中興復國的歷史使命。

　　親愛的同學們,歷史傳承再造的使命在我們的雙
肩,大陸苦難同胞的希望在我們的身上。願各位齊心協
力,踵武前賢,為發揚國民革命的光榮傳統,完成以三
民主義統一中國的大業,而共同努力奮鬥!

　　祝福大家健康愉快,事業順利成功。謝謝大家!

10 月 20 日　星期二

第三十五屆華僑節慶祝大會今在臺北市舉行,總統特頒書
面賀詞,勗勉全球僑胞相互惕勵,完成三民主義統一中
國大業,為炎黃子孫的幸福與未來,克盡更大的責任。
今為退輔會福壽山農場建場三十週年場慶,總統特頒
「勤稼厚生,卅載有成」鏡屏,以示賀意。

下午

三時三十五分，在府為光復節、春節談話錄影。

四時七分，見宋副秘書長楚瑜。

四時十五分，見郝總長伯村。

四時五十四分，見沈秘書長昌煥。

五時三十二分，在大直寓所散步。

八時四十分，見秦主任委員孝儀。

華僑節賀詞

第三十五屆華僑節慶祝大會並轉全體僑胞公鑒：

今天是中華民國七十六年華僑節，全球僑胞都在熱烈慶祝，充分顯示了全體僑胞深厚的民族感情及熱愛中華的情懷，經國特向各位表示由衷的佩慰之意。

三十餘年來，復興基地由於海內外全體僑胞的共同努力，不僅在教育及經濟建設方面創造了輝煌的成就，也為民主憲政的加速發展，奠定了穩固的基礎。這是三民主義國策的正確指引，也是全體中國人共同的榮耀。

今天中共內部的矛盾與危機日益加深，大陸人心的歸趨也日益明顯。我們相信，三民主義統一中國的大業必將達成。

親愛的僑胞們，在中國邁向民主與自由的途程上，華僑已有重要的貢獻。在今天這個意義深長的日子裡，讓我們彼此共勉，相互惕勵，為炎黃子孫的幸福與未來，克盡更大的責任。最後敬祝各位健康愉快，大會圓滿成功！

10 月 21 日　星期三

上午

八時四十二分，在中央黨部見李秘書長煥。

八時四十九分，見俞院長國華。

九時，主持中常會。

十時十五分，見倪院長文亞。

下午

五時一分，在大直寓所散步。

八時二十分，見李秘書長煥。

10 月 22 日　星期四

下午

三時二十二分，在府見沈秘書長昌煥。

三時三十分，接見聖露西亞總理康普頓夫婦。

三時四十二分，見沈秘書長昌煥。

三時五十八分，接見亞洲華爾街日報社論主編羅荻雅、主筆韋恩、駐美特派員梁鳳儀，並接受訪問。

四時三十九分，見沈秘書長昌煥。

四時四十三分，見吳部長伯雄。

亞洲華爾街日報社論版主編羅荻雅訪問稿

一、貴國政府期望今後在經濟上或政治上以什麼步調來發展？未來方向如何？閣下對如何使政治自由與臺灣安全兼顧的看法為何？

答：我國經濟與政治發展的基本方向是根據民生主義與

民權主義而擬定的。就現階段而言，我們決定發展
步調，是考慮國家利益，人民福祉與客觀事實，三
者兼顧，使我國能夠儘早進入已開發國家之林。基
於以往的經驗，我們自信可以達到這個目標。

政治自由與國家安全一直是我們同等重視的目標，
因為我們認為這兩者是相輔相成的。有了政治自
由，人民才會珍惜其努力的成果，並自發地厭惡共
產暴政，增強其保衛自由生活方式的決心，所以政
治自由正是國家安全最佳的屏障；另一方面，唯有
在國家安全得以確保的情況下，人民才能享受自由
的生活，這正是我們制訂國家安全法之目的，得以
兼顧政治自由與國家安全。我知道，我們國民對於
國家安全與政治自由兩者相輔相成不可偏廢的關
係，已經有了堅強的共識。

二、總統閣下已明白地決定不讓子嗣繼承總統職位，您
為此已採取之防範步驟為何？

答：我國總統的選舉與總統缺位時由副總統繼任，憲法
中均有明文規定，不知於遵守憲法規定之外，還有
甚麼問題存在。

三、閣下對新成立的「民進黨」有何看法？期盼該黨能
扮演什麼樣的角色？貴國政府是否近期內有計畫做
任何有關憲法之重大改革？

答：現在「人民團體組織法修正案」已經擬妥，正徵
詢學者專家和各界人士的意見。俟此法案完成立法
程序，國民要組織新的政黨，都可依法申請登記。
為了確保國家安全和全民福祉，不久前立法院通過

　　的「國家安全法」，明定「人民集會、結社，不得
　　違背憲法或主張共產主義，或主張分裂國土。」任
　　何遵守法律的政治團體，都可以在公平公正的地位
　　上，與執政黨進行競爭。

　　　　至於您所提的另一點，我們現在正在進行許多重大
　　的政治改革，其目的可用一句話總括，即幫助人
　　民在法治的基礎上，享有並行使憲法保障的一切權
　　利。在近期內我們並無修改憲法的打算。

四、閣下對於北平共產黨政府所做體制改革的看法如
　　何？他們是否能以和平方式達成？對於貴國與北平
　　而言，在可接受的條件下，促進「統一」的可行步
　　驟有哪那些？

答：中共推動的所謂「政經改革」只是體制內的局部調
　　整，仍舊脫離不了馬列主義的束縛。民國三十八年中
　　共竊據大陸後，利用暴力手段廢除私有財產制，建立
　　所謂「社會主義公有制」，結果導致民窮財困，成為
　　世界上最貧窮落後的地區之一。毛澤東死後，中共為
　　圖平撫民怨的高漲，不得不進行所謂的「改革」，但
　　一直未觸及其極權制度的本身。他們至今仍然強調
　　「四項堅持」（（一）堅持黨的領導、（二）堅持
　　馬列主義與毛澤東思想、（三）堅持人民民主專政、
　　（四）堅持社會主義道路），最近更推動「反資產
　　階級自由化」運動，就是做好的證明。因此期望中
　　共能夠以和平方式改革成功，絕無可能。

　　　　國家統一是中華民國政府一貫努力以赴的目標。這
　　個目標的達成必須植基於一個重要的前提，即中國

　　大陸必須根除共產主義，實施自由、民主、均富的
　　三民主義制度。唯有如此，國家統一的目標才能實
　　現。至於中共所提「一國兩制」的口號，只是其統
　　戰的另一種騙術，事實上並不發生作用。最近大陸
　　人民要求「一國良制」，不要「一國兩制」，就是
　　對中共口號最好的回應。

五、在目前有機會吸收香港流出資金的情形下，貴國政
　　府何不加速去除進口障礙與金融管制？總統先生認
　　為貴國達致驚人經濟發展最主要因素是什麼？

答：早在民國七十二年，政府就已決定自由化、國際
　　化作為我國今後經濟發展的方向，而三年來我們在
　　這方面，作了很多努力，例如大幅降低關稅、盡力
　　減少非關稅障礙等均是，特別值得一提的是自七月
　　十五日起，我們解除了長達二十餘年的外匯管制，
　　這是政府自由化的具體作為。

　　據經濟部統計，今年上半年，核准港商來臺投資金
　　額比去年同期增加了約六倍，預計這種趨勢將會隨
　　著我們自由化的腳步而更加活絡。我們有信心中華
　　民國將成為國際金融和投資的重鎮。

　　中華民國經濟發展的成功得力於若干因素，其中最
　　主要者有四：（一）政府適時的政策引導；（二）
　　自由經濟的制度；（三）政治社會的安定與教育水
　　準的提升；（四）人民的勤奮和努力。中華民國的
　　成功經驗，印證了三民主義經濟體系的優越性。

六、自從一九七九年與美國斷交後，閣下是否覺得自己
　　被孤立了？閣下感覺與那些外國領袖最接近？在私

人友誼上有那些是特別好的朋友？從南韓的經驗，
是否發現任何有益的相同點？

答：不可否認的，中美斷交對我國是一項打擊，但我們
　　並未感到孤立，因為今日中華民國和二十三個邦交
　　國維持邦交，同時和一百四十餘國有良好的實質及
　　經貿關係，我們一直活躍於國際社會之中。在這頻
　　繁的國際往還中，所有和我們以平等互惠原則相互
　　尊重的外國領袖與人民都是我們的好朋友。
　　中韓的處境有許多不同之處，但兩國皆面臨共產黨
　　的嚴重威脅，這一方面是兩國重要的共同點。

七、總統先生對於來自共黨世界——中共及蘇聯——威
　　脅的看法為何？假如臺灣遭受攻擊時，閣下認為防
　　禦上可依賴美國之程度有多少？

答：共產主義，作為一種意識形態和政治經濟制度，仍是
　　今天世界最大的威脅。一方面，它剝奪了共產國家內的
　　人民追求自由、民主與幸福的權利，使得共產社會的生
　　活水準普遍低落。而另一方面，它為了維持所謂「共
　　產主義優越性」的神話，共產國家的統治者往往對外
　　採取擴張的手段，利用一切可乘之機進行侵略。縱然
　　共產國家偶爾對外擺出比較緩和的姿態，其威脅仍繼
　　續存在。就此而論，中共與蘇聯其實是不分軒輊的。
　　因為自由中國的安全是與整個太平洋地區的安全息
　　息相關，所以此一地區的國家對於我們的安全確甚
　　關切，亦願意給我們不同程度的支持。但我們仍憑
　　堅強的反共意識與旺盛的戰鬥精神及實力，以維護
　　自身的安全。從未存有依賴外力的心態。

10月23日　星期五
下午

四時十四分，在府見郝總長柏村、郭副總長汝霖。

四時二十一分，見張副秘書長祖詒。

五時，見宋局長心濂。

五時三十一分，見沈秘書長昌煥。

八時四十二分，在大直寓所見中視馬董事長樹禮。

10月24日　星期六

明為臺灣光復四十二週年紀念日，總統特於今日在電視
及廣播中發表談話，勗勉國人保持苦幹實幹、守法守分
的精神，開創更多更大的成就。並強調復興基地的政
治民主與經濟自由，便是擊敗中共光復大陸最強有力的
保證。

今日分別致函臺灣省主席邱創煥、臺北市長許水德、高
雄市長蘇南成祝賀臺灣光復四十二週年，嘉佩其主持省
市政的績效，並請他們代向同胞們轉達祝福之忱。

下午

三時十分，在大直寓所見秦主任委員孝儀。

四時三十五分，見李秘書長煥。

七時五十八分，見宋副秘書長楚瑜。

光復節前夕談話

親愛的父老兄弟姊妹們：

　　大家好！今天是臺灣光復四十二週年的前夕，今年
又是抗戰建國的五十週年，對我們每個人來講，都有重

大的意義。

　　前些日子，經國曾與十二位地方父老閒話家常，從臺灣光復，談到當前的情形，大家一致認為，今日復興基地的安定、繁榮，是先總統蔣公正確的決策、全國菁英的參與、和全體同胞的努力所綜合的成果。大家也認為，要國家繼續進步，必先保持社會安定。我覺得這個看法非常重要，有了安定的基礎，才能指望更多的進步。我想這兩句話，正可作為紀念臺灣光復節最好的贈言。

　　近來政府正在進行一連串的政治和經濟改革，當然在改革之中，不免會有若干變動，也會產生一些新的現象。不過，最基本的原則，就是我們會有革新，要有變動，但絕不能盲目亂動，更不能輕舉妄動，也就是大家一定要做到，在安定中來求進步。

　　其實，過去我們已有很好的成果，對未來更有充分的信心。憑著以往的經驗，相信只要大家保持著苦幹實幹、守法守分的精神，必能開創更多更大的成就。同時，我們時時刻刻不能忘記，隔海敵人正用千方百計，想在我們內部滲透分化，破壞安定，為它製造武力犯臺的藉口。因之，大家必須加倍警惕，不給敵人任何機會，並且必須加強團結，來加速我們的發展。

　　親愛的父老兄弟姊妹們，今天形勢已經十分清楚，我們愈進步，就證明敵人愈落後，復興基地的政治民主與經濟自由，便是擊敗中共、光復大陸最強有力的保證。這不僅是我們唯一的出路，更是所有海內外中國人殷切的願望。共同生活在這基地的全體國民，人人都有一份責任來完成這項重要的使命。

謝謝大家，並祝人人健康，家家幸福。

致邱創煥、許水德、蘇南成函

　　茲逢臺灣光復四十二週年，欣見復興基地民康物阜，彌足欣慰。吾兄主持省（市）政，竭盡精誠，勤慎籌策，卓具績效，至為嘉佩。有關光復節各項集會，以事不克參加，尚請代向全省（市）同胞轉達祝福之忱。

10月25日　星期日
上午
十一時十七分，在大直寓所見秦主任委員孝儀。

下午
三時十分，在大直寓所散步。
四時三十六分，見沈秘書長昌煥。

10月26日　星期一
上午
九時五十五分，在大直寓所見孔令侃先生。

下午
五時五十六分，在大直寓所見俞院長國華。

10月27日　星期二
上午
八時三十一分，在府見李副總統。

九時四分，見郭副總長汝霖。

九時十五分，見陸軍蔣總司令仲苓。

九時二十六分，見海軍劉總司令和謙。

九時五十六分，見空軍陳總司令燊齡。

十時十四分，見聯勤溫總司令哈熊。

十時三十分，見警備陳總司令守山。

十時四十六分，見許主任歷農。

十時五十五分，見許市長水德。

十一時三分，見沈秘書長昌煥。

下午

八時四十一分，在大直寓所見宋副秘書長楚瑜。

10 月 28 日　星期三
【無記載】

10 月 29 日　星期四
下午

四時三十五分，在大直寓所散步。

五時三十六分，見李秘書長煥。

七時五十分，見秦主任委員孝儀。

10 月 30 日　星期五
上午

十時三十一分，偕同夫人前往慈湖。

十時五十一分，隨侍先總統夫人謁陵。

下午

四時二十分，在大直寓所散步。

八時三十分，見中視馬董事長樹禮。

今日中央社紐約專電報導，華爾街日報社論版編輯羅荻雅等人，曾於本月廿二日訪問蔣總統，羅荻雅認為蔣總統是一位堅決的反共鬥士。在訪談中表示將以政治社會經濟力量統一中國。

10月31日　星期六

今為中國青年反共救國團成立三十五週年，總統特頒「以熱誠奉獻提升服務品質，以集體智慧創新工作成果」書面祝詞，以賀勉之。

今為第九屆榮民節，總統特頒「忠貞團結，永保榮民優良傳統，自強不息，誓為國家中流砥柱」書面賀詞，勗勉全國榮民。

上午

九時，在府主持中樞紀念先總統蔣公誕辰典禮。

下午

十二時三十分，偕夫人同至士林官邸參加家宴。

11 月 1 日　星期日
上午

九時三十七分，在大直寓所見俞院長國華。

下午

三時十五分，在大直寓所見沈秘書長昌煥。

四時五十五分，散步。

五時三十八分，見馬副秘書長英九。

七時五十二分，見宋副秘書長楚瑜。

11 月 2 日　星期一
中央社香港電報導，最近一期亞洲週刊曾有專文報導指出，蔣總統採取新的政治革新措施，將使他在歷史中佔有重要地位。並評論說，這些措施可保證中華民國作為亞洲經濟成長催化劑的角色，而且對中國的命運，將產生重大影響。

下午

九時十三分，在大直寓所見李秘書長煥。

11 月 3 日　星期二
今為巴拿馬共和國國慶日，總統特致電巴國總統德華耶申賀。

今為多米尼克國慶日，總統特致電多國總統賽紐瑞申賀。

今為巴拉圭國總統史托斯納爾華誕，總統已致電申賀。

上午

九時三十四分，在府見郭副總長汝霖。

九時四十六分，見宋局長心濂。

十時十六分，見許主任歷農。

十時四十分，見汪參軍長敬煦。

十時五十五分，見沈秘書長昌煥。

下午

四時十二分，在大直寓所見秦主任委員孝儀。

四時五十五分，散步。

七時五十八分，見俞院長國華。

11月4日　星期三

上午

八時四十五分，在中央黨部見李秘書長煥。

九時，主持中常會。在聽取大陸工作會蕭主任昌樂報告
「中共匪黨『十三大』顯示的問題與動向」後，主席指
出，中共「十三大」會議的落幕，並不是其內部權力鬥
爭的結束，而是另一回合權力鬥爭的開始，中共內部出
現的各種矛盾與衝突，有關單位應切實研究，以使我們
在對敵作戰方面，收到克敵制先的效果。接著主席又在
聽取有關海外僑胞舉辦十月慶典各項活動情形報告後，
提示行政院從政同志，為了加強對海外僑胞的聯繫與服
務，僑務委員會應發揮更大的功能並強化其組織。

11 月 5 日　星期四

下午

四時三十八分，在府見沈秘書長昌煥。

四時五十五分，見宋局長心濂。

七時五十分，在大直寓所見宋局長心濂。

11 月 6 日　星期五

上午

九時十三分，在府見鄭部長為元。

九時二十七分，見李副總統。

九時五十九分，見沈秘書長昌煥。

下午

八時二十五分，在大直寓所見李秘書長煥。

11 月 7 日　星期六

上午

八時五十分，在大直寓所見秦主任委員孝儀。

十時五十五分，在府見鄭部長為元。

十一時十分，見李秘書長煥。

十一時十五分，見潘主任振球。

十一時二十分，見沈秘書長昌煥。

下午

三時三十六分，在大直寓所見俞院長國華。

四時四十一分，散步。

八時二分，見宋副秘書長楚瑜。

11月8日　星期日
下午

三時五十九分，在大直寓所見沈秘書長昌煥。

五時二十七分，見宋局長心濂。

七時二十一分，見李秘書長煥。

八時五十三分，見汪副院長道淵。

11月9日　星期一
「中美文教關係研討會」今在臺北揭幕，總統特頒賀詞
以勉勵之。

上午

十時五十分，在府見張副秘書長祖詒。

下午

八時六分，在大直寓所見李秘書長煥。

十時十分，見俞院長國華。

11月10日　星期二
下午

四時五十二分，在府見沈秘書長昌煥。

八時五十五分，見李秘書長煥。

11 月 11 日　星期三
上午

八時四十一分，在中央黨部見俞院長國華。

九時主持中常會，會中通過主席交議由關中接任組織工作會主任。

十時五分，見郭副總長汝霖。

十時八分，見鄭部長為元。

十時十三分，見許主任歷農。

十時十六分，見言副部長百謙。

下午

八時，在大直寓所見宋副秘書長楚瑜。

九時四十九分，見許主任歷農。

11 月 12 日　星期四

第一屆國際孔學會議今在臺北揭幕，總統特頒書面賀詞指出，值此雜說紛陳，是非混淆之際，孔子思想正是我們昌明真理伸張正義的力量泉源。

上午

九時四十七分，在府見沈秘書長昌煥、汪參軍長敬煦。

十時，主持中樞紀念國父誕辰典禮暨慶祝中華文化復興節大會。

下午

四時四十三分，在大直寓所散步。

七時四十七分，見李秘書長煥。

九時二十八分，見許主任歷農。

第一屆國際孔學會議書面賀詞

國際孔學會議全體與會代表均鑒：

今天是國父孫中山先生誕辰紀念日，也是中華文化復興節。中華民國孔孟學會、中華文化復興運動推行委員會暨中華民國哲學會等單位為宏揚孔子學說，復興中華文化，特在今天舉行國際孔學會議，意義十分重大。

孔子學說以仁為中心。其推己及人、民胞物與的精神歷久彌新，具有崇高的價值。值此雜說紛陳、是非混淆之際，孔子思想正是我們昌明真理、伸張正義的力量泉源。

本次會議集合國內外對孔學素有專精研究的學者專家共同研討，相信必能獲致豐碩成果，使孔子學說日益發揚光大，為人類未來指出一條光明的大道。

敬祝會議圓滿成功，各位健康愉快！

中華民國總統　蔣經國

中華民國七十六年十一月十二日

11月13日　星期五

【無記載】

11月14日　星期六

今明令特任許歷農為國軍退除役官兵輔導委員會主任委員。

光復大陸設計研究委員會副主任委員沈雲龍之喪今日出殯，總統特頒「志績長昭」輓額，以示悼念。

11 月 15 日　星期日
中央考核紀律委員會主任委員周應龍之喪，今天上午舉行公祭，統總特頒「忠勤盡瘁」輓額以表悼念。

上午
九時二十九分，在大直寓所見秦主任委員孝儀。

下午
一時二十五分，在大直寓所見宋副秘書長楚瑜。
三時四十二分，見俞院長國華。
五時二十分，散步。
七時五十分，見宋局長心濂。

11 月 16 日　星期一
下午
八時四十五分，在大直寓所見李秘書長煥。

11 月 17 日　星期二
今為總統府國策顧問陶希聖九十大壽，總統特頒「弘文益壽」壽屏，以示祝賀。

下午
八時五分，在大直寓所見宋副秘書長楚瑜。

九時三十五分，見宋局長心濂。

11月18日　星期三

上午

八時三十六分，在中央黨部見李秘書長煥。

八時五十分，見組工會關主任中。

九時，主持中常會，在聽取經濟部工業局局長楊世緘報告「我國工業發展目標方向與做法」後，主席指出，注重科學，培養人才，加強合作是促進國家工業發展的重要因素，希望有關單位多注意這方面的問題，並調整觀念，加速國家現代化目標的實現。此外，會中並核定中央委員周應龍逝世後遺缺，由候補中央委員馬鎮方遞補。

九時五十一分，見俞院長國華。

十時十七分，見李秘書長煥。

下午

八時一分，在大直寓所見宋副秘書長楚瑜。

11月19日　星期四

今為畫壇宗師黃君璧九十壽辰，總統特頒「藝苑長青」壽屏，以示祝賀。

下午

八時十五分，在大直寓所見李秘書長煥。

11 月 20 日　星期五
上午

十時一分，在府見郝總長柏村。

十時四十五分，見沈秘書長昌煥。

下午

八時十五分，在大直寓所見許主任委員歷農。

11 月 21 日　星期六
下午

八時三十三分，在大直寓所見秦主任委員孝儀。

11 月 22 日　星期日
下午

四時二十一分，在大直寓所見俞院長國華。

七時五十分，見秦主任委員孝儀。

11 月 23 日　星期一
今為薩爾瓦多共和國總統杜華德生日，總統特致電申賀。

下午

八時十五分，在大直寓所見俞院長國華。

11月24日　星期二

上午

十時二十五分，在府見郝總長柏村。

十一時七分，見李秘書長煥。

十一時三十一分，見言主任百謙。

下午

三時十七分，巡視中央黨部會議廳。

四時，在中央黨部見李秘書長煥。

四時十六分，見李秘書長煥、馬副秘書長英九。

四時三十三分，見李秘書長煥。

四時四十六分，在府見沈秘書長昌煥。

七時五十三分，在大直寓所見秦主任委員孝儀。

八時三十五分，見秦主任委員孝儀。

11月25日　星期三

凌晨

零時二十三分，在大直寓所見秦主任委員孝儀。

上午

八時十四分，在中央黨部見李秘書長煥。

八時三十五分，見俞院長國華。

八時四十七分，見沈秘書長昌煥、俞院長國華。

九時，主持中常會。主席在會中鄭重宣布本黨將在明年舉行十三次全國代表大會，以結合全黨同志的智慧和意志，團結一致，為以三民主義統一中國的大業而努力。

隨後,主席並強調本黨堅守兩大政策,一項是堅決不和
共匪接觸談判,一項是堅決反對臺獨的分離意識,並期
勉全國同志貫徹到底。此外,會中並通過主席交議,由
馬鎮方接任臺灣省黨部主任委員。

十時一分,見臺灣省黨部劉主任委員兆田。

十時七分,見李秘書長煥。

在美國維吉尼亞軍校第一名畢業的陳勁甫,今在高雄國
賓飯店舉行婚禮,總統特以鮮花一籃致賀。

中常會談話

　　總裁離開我們已經十二年了,這期間大家始終遵奉
總裁的遺囑和精神,繼續奮鬥,雖然我們在成功中仍不
免某些缺失,可是大家一直在不斷改進,一直在以國家
民族為己任。

　　顯然某些人在別有用心的誣衊本黨,扭曲本黨的形
象,甚至在以推倒本黨為目的。殊不知沒有中國國民
黨,那來的中華民國,又那來的讓大家生活於自由繁榮
中的金、馬、臺、澎復興基地。

　　自從古寧頭戰役到現在,我們正一天比一天地堅強
精實,其所以獲致這一結果,就是大家始終堅守兩大政
策,一項是堅決不和共匪談判接觸,一項是堅決反對臺
獨的分離意識。今天我要再一次強調這兩大政策,並期
勉全黨同志,貫徹到底。過去如此,現在如此,將來也
是如此,而且這也就是我們勝利成功的保證。

　　在此我還要鄭重宣布,在明年召開本黨的全國代表

大會，以結合全黨同志的智慧和意志，團結一致，為本黨以三民主義統一中國的大業而努力。

11月26日　星期四
下午

四時六分，在府見沈秘書長昌煥。

四時四十九分，見郝總長柏村。

八時三十三分，在大直寓所見李秘書長煥。

11月27日　星期五
下午

三時三十七分，在府見沈秘書長昌煥。

三時五十二分，接見新加坡貿工部長及第二國防部長李顯龍先生。

四時三十一分，見馬次長鎮方。

四時四十分，見警總陳總司令守山。

四時五十五分，見三軍大學羅校長本立。

五時，見警總楊副總司令亭雲。

五時五分，見國防部郭次長宗清。

五時九分，見國防部計畫次長室夏次長甸。

五時十四分，見空軍趙副總司令知遠。

五時二十二分，見郝總長柏村。

11月28日至29日　星期六至日
【無記載】

11 月 30 日　星期一

中央社臺北今日專電報導，總統於本月下旬接受「遠見」雜誌書面訪問時，期勉全體國民「在我們決心積極革新的年代，更望大家對各種事物的看法，不能只顧眼前，更要展望未來。」這篇訪問紀錄，同時在本期「天下」雜誌刊出。

下午

三時四十五分，在府見馬副局長英九。

四時六分，見金防部黃總司令官幸強。

四時三十七分，見張副秘書長祖詒。

書面答覆「遠見」雜誌全文

問：請問總統就任九年多來，在國家政策推行方面，您比較滿意的是什麼？比較遺憾的是什麼？

答：我最感到滿意的是政府推行的各項政策和許多措施，都能獲得絕大多數民眾的支持。比較遺憾的是，政府的有些作為，還不能做到盡如人意、十分完美的境地。

問：年來總統已採取一連串革新措施，今後還要推動那些重大改革？

答：執政黨在去年三中全會後積極推動六項政治革新，到今天已完成解除戒嚴。開放組黨也將在「人民團體組織法」修正通過後實施。其他幾項，諸如充實中央民意代表機構、加強地方自治、改良社會風氣與治安等議題也在積極研訂中。今後我們將繼續循

著政治民主化、經濟自由化的既定方針，針對各個
階級的進度與需要，衡酌輕重緩急，為所當為。我
想說明最重要的一點，改革的步子一定不斷前進，
但為了確保改革的成果，也一定要走穩。

問：這一年來總統推動革新的決心和遠見，無論是宣
佈解嚴，邁向更開放民主政策，或更自由的經濟政
策，都受到國內外的普遍推崇。但在這些開明的政
策宣佈後，社會上即有許多脫法和脫序現象，一般
批評是行政效率及行政措施未能配合政策，請問總
統的看法如何？應如何改善？

答：最近我曾說過：「在連串改革之中，不免會有若
干變動，也會產生一些新的現象」，你所說的「脫
法」和「脫序」，也許就是其中一部分的負面現
象。不過，我也曾說：「我們要有革新，會有變
動，但絕不能盲目亂動，更不能輕舉妄動，也就是
一定要做到在安定中求進步」，這是我們必須守住
的原則，我想政府的各個部門必將依循這個原則，
依據有關法令去貫徹，去執行，否則一切改革都難
以落實。

問：全國人民應如何建立共識，使國家在平穩中推進民
主憲政？

答：在多變的時代和多元化的社會中，要求全國人民建
立共識，本非易事，雖然如此，以中華民國現階段
的處境，在推進民主憲政一事上，我認為至少有兩
點我們的國民應有共同的認知：第一，我們現行的
憲政體制不可變更，因為中華民國憲法是由國民大

會受全體國民的付託所制定，遵守憲法所定的現行憲政體制，是政府與全體國民不可辭卸的一項莊嚴責任；第二，推進民主憲政與維護國家安全必須受到同等的重視，兩者相輔相成，並且皆以屬行法治為基礎。唯有尊重制度和法律，民主憲政才能歷久不渝，這也是政府制定國家安全法的精神所在。

問：政府已宣佈開放民眾赴大陸探親，請問總統，除了基於人道的因素外，還有無其他考慮？

答：政府同意國人前往大陸探親，完全基於倫理親情的人道立場，並無其他考慮。當然，訪親的國人因此能夠親自體驗海峽兩岸同胞生活的懸殊，也可比較兩種不同制度的孰優孰劣，從而判斷中國的未來究應採行何種制度方能符合國家利益與人民福祉。

問：未來我們的「大陸政策」是什麼？希望達到什麼目標？

答：政府一貫的政策，是堅持反共立場，不與中共接觸、談判，決不妥協。因為我們要為復興基地的安全負責，要對中國前途負責，要對歷史負責，這個立場不會改變，未來也是如此。有些人士認為我們這個立場過於「僵」化，不足以應變，其實是因為他們不瞭解中共陰謀本質所致。中共的企圖是想運用談判策略來獲得無法以軍事達到侵吞臺澎金馬的目的，我們不與接觸談判，使其計無可逞。如果我們跨出錯誤的一步，就給敵人製造可乘之機。事實上，正因我們堅持這樣的不變立場，才逼使中共不斷改變其表態。所以與其說我們「以不變應萬

變」，倒不如說中共以「萬變」應我們的不變，其
間主動與被動的態勢應該非常明顯。

我們光復大陸的決心與信心，從未動搖。我們希望
達到的目標就是：以我們三十多年來積極建設的成
果，爭取大陸民心，擊敗共產極權，使全體中國同
胞都能在三民主義的制度下共享自由、民主、幸福
的生活。

問：您認為未來中國應以何種方式統一？應如何才能一
　　步步達到統一的目標？

答：中國必須統一，也必將統一，但絕不是統一在馬
　　列主義的共產極權制度之下，而必然統一於自由民
　　主的三民主義制度之下。這是全體中國人的強烈願
　　望，並且已經匯成巨大的力量，正在推動中國歷史
　　的腳步朝此方向前進。我們深具信心，只要我們復
　　興基地在以往建設成功的基礎上，繼續加強政治、
　　經濟、社會、文教各方面的努力，大陸共產制度必
　　為全體中國人所唾棄，未來中國必有光明的前途。
　　如果中共能為中國人民及中國未來著想，就應該放
　　棄其「四個堅持」，回歸三民主義，才能達到統一
　　目標。

問：中共從未放棄以武力侵臺，如果用武力封鎖臺灣海
　　峽，我國自衛能力如何？從美國方面可能得到什麼
　　幫助？

答：中共從未放棄以武力侵臺的企圖，因此國軍多年來
　　一向保持全天候戒備，不論中共用何種方式進犯，
　　國軍都有信心、有能力予以痛擊。我們的國防一向

是以自立自強為最高指導原則，我們一直憑著堅強的反共意識與旺盛的戰鬥精神及實力，以維護自身的安全，從未存有依賴外力的心理。

問：總統曾經昭告國人「世事在變、局勢在變、潮流也在變」，請問總統希望培養出什麼樣的領導人才來因應時局？您遴選人才時主要考慮那些條件？

答：變局中領導人才最重要的條件就是有所為，有所不為；知所變，知所不變。我在遴選人才時最主要考慮的是品德與才能。

問：全國同胞都關心總統的健康，能否請總統談談您的健康情形？

答：謝謝大家的關心，我經常作健康檢查，據醫院的報告，目前我的健康狀況良好，除了腿部因受糖尿病的影響行動不便外，一般均很正常，我照常處理公務。

問：新年將屆，請問總統對國人有何期勉？

答：新年總給人們新的希望。我和大家一樣，也望來年比今年更好，特別在我們決心積極革新的年代，更望大家對各種事務的看法，不能只顧眼前，要多展望將來，正如貴刊所取的名稱「遠見」與「天下」，應有更寬闊、深遠的視野，放眼天下。

12月1日　星期二

故陸軍一級上將何應欽之喪，今日出殯，總統特頒「軫悼耆勳」輓額，以示悼念。

12月2日　星期三

上午

八時三十九分，在中央黨部見李秘書長煥。

九時，主持中常會。會中內定劉兆田調任內政部政務次長，郭宗清升任國防部副部長。

九時五十五分，見鄭部長為元。

十時七分，見李秘書長煥。

12月3日　星期四

上午

十時三十四分，在府見駐美錢代表復。

下午

四時十二分，在大直寓所見沈秘書長昌煥。

八時十五分，見李秘書長煥。

12月4日　星期五

上午

九時四十三分，在府見亞東關係協會駐日馬代表紀壯。

十時二十二分，見郝總長柏村。

下午

四時五十六分，在大直寓所見宋副秘書長楚瑜。

12 月 5 日　星期六
【無記載】

12 月 6 日　星期日
十時六分，在大直寓所見俞院長國華。

下午

四時三十分，在大直寓所見李秘書長昌煥。

七時五十三分，見汪副院長道淵。

12 月 7 日　星期一
上午

十時二十九分，在府見李副總統。

十一時，見郝總長柏村。

十一時十五分，見沈秘書長昌煥。

下午

三時五十分，在府見駐美錢代表復，並對若干工作有所指示。

12 月 8 日　星期二
上午

九時四十三分，在府主持軍事會談。

188 | 蔣經國大事日記（1987-1988）
Daily Records of Chiang Ching-kuo, 1987-1988

中央日報駐日特派員專電報導：日本資深議員山中貞則於八日晚間在中華聯合總會所舉辦的忘年會中致詞，對總統在臺灣地區所推動一連串的政治改革，備極推崇。

黨國耆宿楊阿壽之喪，總統特頒「德範流徽」輓額，以示悼念。

12月9日　星期三

今為趙麗蓮博士九十歲生日，總統特頒「教澤揚芬」壽屏致賀，此壽屏係由教育部長毛高文親自送到趙博士家中。

故大法官范馨香之喪，今日出殯，總統特題頒「清勤著績」輓額，以示悼念。

12月10日　星期四

【無記載】

12月11日　星期五

我國第十屆創業青年楷模，今日接受表揚，總統特頒「秉持勤奮開創精神，樹立自主自強典範」賀詞，以勗勉之。

12月12日　星期六

【無記載】

12 月 13 日　星期日
今為泰國國王浦美蓬六十歲生日，總統特贈壽屏祝賀。

12 月 14 日　星期一
上午

九時五十分，在大直寓所見沈秘書長昌煥。

九時五十四分，接見美國在臺協會臺北辦事處處長丁大衛。

12 月 15 日　星期二
今為巴林國慶日，總統特電巴國元首艾莎申賀。

軍聞社金門專電報導，總統對戰地軍民多次的嘉勉與關懷的德意，今由防區司令官在一次會議中轉達了此項的訊息。

12 月 16 日　星期三
上午

七時四十九分，在中央黨部見李秘書長煥。

八時十五分，見李秘書長煥、馬副秘書長英九。

八時五十四分，見李秘書長煥。

九時，主持中常會。

旅日僑領張和祥的葬禮，今在東京舉行，總統特頒「軫懷僑彥」輓額，以示悼念。

12月17日　星期四
大韓民國政府今正式宣布盧泰愚當選總統，總統特馳電祝賀。

下午
四時，在大直寓所以茶點款待新加坡總理李光耀夫婦、副總理王鼎昌夫婦及李總理之女公子李瑋玲小姐。

12月18日　星期五
中華民國各界表揚七十六年好人好事代表大會今在臺北市舉行，總統特頒賀詞，勗勉國人相互砥礪，以作好人為榮，行好事為樂，發揮道德力量，蔚為中興氣象，為建立一個康樂祥和的社會而共同努力。

下午
八時三十二分，在大直寓所見李秘書長煥。

中華民國各界表揚七十六年好人好事代表大會賀詞
全國各界表揚七十六年好人好事代表大會主席並轉全體好人好事代表均鑒：

　　好人好事運動自推行以來，充分發揮了崇德勸善，激濁揚清的社會功能。諸位的仁心義舉，不僅發揚了人性的光輝，也充實了生命的意義。本人特向光榮當選的諸位代表，申致由衷的賀忱。

　　以忠恕為本的道德信條，是儒家思想的中心，也是

中華文化的精髓。值此國家全面開創新局之際，尤應弘揚倫理道德，樹立善良民風，使我們的社會安定而不虛浮，繁榮而不奢靡。諸位好人好事代表，正是敦促國人相與為善的表率，任重而道遠。

今日全國各界隆重表揚好人好事，顯示了國人對理想社會的期盼與追求。希望大家相互砥礪，人人以作好人為榮，行好事為樂。發揮道德力量，蔚為中興氣象，為建立一個康樂祥和的社會而共同努力。

12 月 19 日　星期六
下午
八時十五分，在大直寓所見李秘書長煥。

12 月 20 日　星期日
上午
九時，在大直寓所見宋副秘書長楚瑜。

下午
三時三十分，在大直寓所見俞院長國華。

12 月 21 日至 22 日　星期一至二
【無記載】

12 月 23 日　星期三
八時一分，在中央黨部見李秘書長煥。
八時十五分，見李秘書長煥、宋副秘書長楚瑜。

八時四十五分，見沈秘書長昌煥。

八時五十九分，主持中常會。在聽取臺省府邱主席創煥的省政建設重點工作報告後，指出今後推動有關經濟、社會與文化建設工作，應特別重視整體配合與長期規劃，並注重以科學方法來突破困難，解決問題，促進持續的發展與進步。

十時四分，見李秘書長煥。

下午

八時，在大直寓所見宋副秘書長楚瑜。

12月24日　星期四

下午

四時十分，在大直寓所見李秘書長煥。

五時十分，見沈秘書長昌煥。

12月25日　星期五

上午

八時三十二分，在中山堂見張副秘書長祖詒。

九時，主持行憲四十週年紀念大會，強調充實中央民代機構事在必行，但必須符合憲法及臨時條款精神。

中華民國行憲四十年紀念大會
國民大會憲政研討委員會第二十二次全體會議
及第一屆國民大會代表七十六年度年會
聯合開會典禮書面致詞

諸位代表先生：

今天欣逢我中華民國實行憲政四十周年，國民大會憲政研討會和國民大會代表年會聯合舉行紀念大會，意義莊嚴重大。經國謹以感念和興奮的心情，預祝大會成功。

四十年前，先總統蔣公秉承國父建國大綱所訂定的建國程序，突破重重困難挫折，毅然決定召開國民大會，制頒了中華民國憲法，開始實行憲政。不久共匪全面叛亂，國家遭遇到空前危難，幸得國民大會以最高的智慧，制定了「動員戡亂時期臨時條款」，因而於非常時期，政府播遷來臺之後，仍能堅定不移，力行憲政，並在復興基地創造了前所未有的繁榮富庶時代。記得先總統蔣公在行憲後國民大會第一次會議時曾說：「中華民國的生命，社會的生存，民眾的生計，都交付給國民大會。」諸位代表先生，不負全體國民所託，克盡了這份莊嚴的責任，經國敬致由衷的欽佩之忱。

四十年的時間，對一個國家民族歷史來說，只是一個小片段，或僅一個起點。我國憲政植根於大陸，成長在此復興基地，四十年的試煉，格於形勢，也許還在起點階段，但對民主的實踐，無疑已經確立了深厚的信心。因之，在這行憲進入「不惑」之年，大幅推動了連串的政治與經濟改革，期為憲政紮下更堅固基礎，培育

更大的自由民主力量，使我們反共大業再進到新的里
程。經國深信，只要我們認清方向，堅定意志，循序漸
進，我們的三民主義憲政建設必將大放光芒，我們的憲
法也終必完整的實行於大陸！

體察近來社會各方，在政府改革措施帶動之下，議
論時事，眾說紛陳，一片蓬勃氣象，展現了大家「求
新」、「求變」之情，但國人希望在安定中求進步之
心，則顯然更為殷切。因之，為使革新步步落實，政府
定當以開闊的視野，本實事求是的負責態度，綜合各方
意見，在確保國家安全與進步的原則下，繼續推動政治
與經濟的革新。其中受到較多關切的充實中央民意代
表機構問題，事關國家的根本和憲政的發展，尤當審
慎處理。

首先，充實中央民意代表機構事在必行。惟其實施
必須確切符合憲法及動員戡亂時期臨時條款的精神和有
關規定，對於依據憲法及臨時條款構成的現行憲政體制
必須絕對遵守與尊重。經國前曾說過：「憲法就是我們
的法統」，所以唯有合憲的充實方案，才是唯一可行的
正確道路。

其次，方案必須針對現階段實際狀況的需要，灌注
新的力量，擴大其代表性能，強化其職權功能，使中央
民意代表機構的結構能有實質的改善，有效發揮民主憲
政制度的作用，達到革新國會的目的。

此外，我們更當切記，反共復國是一項長期的、持
久的奮鬥，三民主義統一中國是全民努力的千秋大業，
中央民意代表機構在此大業之中擔負主導的重任，所以

充實方案，必須著眼於全中國，前瞻未來，使能順應時勢的推移，維護憲政體制的傳承，為全體中國人奠定民主的不拔根基。

當然，更重要的是，一切作為，除了謹遵憲法之外，必須貫徹反共國策，排除任何分裂國土的意識。大家尤須認清，中共非中國，大陸的人民，都是我們的同胞，中國大陸還是我們的國土，統一中國是全體中國人的願望。

諸位代表先生，國民大會居憲政的樞紐，憲法賦予國民大會崇高的權力和責任，承擔起守憲護憲的神聖使命。在此三民主義憲政依循長程目標，轉進到又一新的階段時刻，相信諸位代表先生藎籌國是，深謀遠慮，必能為昌明憲政，作睿智的導引，臻國家於長治久安，開中華萬世太平。

敬祝大會圓滿！並祝諸位健康！謝謝大家！

12 月 26 日至 28 日　星期六至一
【無記載】

12 月 29 日　星期二
下午
三時二十九分，在大直寓所見李秘書長煥。

12 月 30 日　星期三
今電覆國民大會全體代表，除表示謝忱外，並勉同心協力，為復國建國大業繼續奮鬥。

下午

八時三十四分，在大直寓所見沈秘書長昌煥。

電覆國民大會全體代表

第一屆國民大會全體代表公鑒：

（七十六）亥有代電敬悉，各位代表先生於七十六年年會紀念行憲四十年，共聚一堂，為弘揚憲政，發抒高論，殊深欽佩，復荷代電加勉，謹申謝悃。今後仍賴同心協力，為復國建國大業繼續奮鬥，敬祈惠詧。順頌年禧。

蔣經國

12月31日　星期四

下午

三時，在府見郝總長柏村。

三時四十二分，至大禮堂巡視。

中華民國 77 年（1988 年）

1 月 1 日　星期五

今發表七十七年元旦祝詞，指出開國史實的輝煌燦爛和
復興基地的欣欣向榮，前後輝映，照耀出中華民國的前
途光明。

上午

九時，至士林官邸，向蔣夫人請安。

九時三十分，在府見沈秘書長昌煥及張副秘書長祖詒。

十時，在大禮堂主持七十七年開國紀念典禮暨元旦團
拜，並期勉國人努力奮鬥，在新的一年，作新的努力，
得到新的成果。

今為海地共和國國慶日，總統特致電海地國務委員會主
席南斐將軍申賀。

元旦祝詞

親愛的父老兄弟姊妹們：

　　中華民國七十七年元旦，在大家歡欣鼓舞中到來，
展現在我們眼前的，也是海內外所矚望的，將是又一個
繁榮進步、生氣勃勃的年頭。開國史實的輝煌燦爛和復
興基地的欣欣向榮，前後輝映，照耀出中華民國的前途
光明；生聚教訓與精誠團結凝成的力量，堅定了必勝必
成的信念。當前，正是我們握機造勢、乘時奮起，再創
新運的時刻。

　　七十六年來的艱難國步，真是榮辱交織、血淚交
併；我們追求中國自由平等的大業，再三受阻於軍閥的
誤國、列強的覬覦、與共黨的叛亂。但是，三民主義的
精華久而彌新，復興基地的建設日興月盛，歷史終將證
明，「得民者昌」、「暴政必亡」，永遠是經得起考驗
的真理。

　　中國人的未來，操在全體中國人自己的手中。中共
暴政迫使中國人民遭受了空前的苦難，反共救國已是全
民的心聲，也是唯一的出路，誠然，中興大業任重道
遠，但形勢已十分明顯，我們樂觀開朗，滿懷信心，
因為：

　　海內外全體中國人民均已清楚看到，臺灣復興基地
致力三民主義建設的豐碩成果，已為中國的未來塑造了
成功的模式，一致確認，唯有遵循自由、民主、憲政的
大道，統一在以中華文化為基礎的三民主義之下，才是
民族發展、國家富強和國民福祉的最好保證。

　　大陸同胞都已了解，經過了將近四十年的共黨極權
統治，他們不僅喪失了基本權利與自由，至今連民生食
品還要實施「配購」，他們的苦難，大陸的貧困，完全
是中共的虐政所造成，因之大家普遍認定，唯有中國
人民一致奮起，推翻共產專政，才是自救救國的根本
之計。

　　自由世界也都認識，唯有中華民國的奮鬥成功，才
是促使中國大陸重返民主陣營的主要力量，才是促進亞
洲與世界和平的重要關鍵。

　　親愛的父老兄弟姊妹們，海峽的阻隔，不能切斷中

華兒女的血脈相連，時間的消逝，也不能減少我們統一
中國的信念。國父與先總統蔣公為中國力圖富強康樂的
苦心孤詣，永遠在我們的心中縈懷。讓我們同心協力，
加速民主政治與自由經濟的建設，高舉三民主義的大
旗，迎接大陸重光的早日來臨。讓我們一齊高呼：
三民主義萬歲！中華民國萬歲！

1月2日　星期六
下午

五時，在大直寓所見黨史會秦主任委員孝儀。

1月3日　星期日
下午

三時五分，在大直寓所見司法院汪副院長道淵。

1月4日　星期一

今覆函教宗若望保祿二世，對教宗在元旦「世界和平日
文告」中，呼籲保障宗教自由與維護世界和平，表示感
佩與支持。

覆教宗若望保祿二世函

教宗聖座：

　　頃誦悉聖座一九八八世界和平日文告，闡明宗教自
由為和平之要件，本人至深感佩並衷心支持。

　　宗教之作用即為陶冶心靈，俾人類得以建立主導人
際關係之精神、道德及倫理秩序。忽視此一基本道理，

則家庭、社會、國家及國際間之和諧均將無以維繫。因
之各國政府允應保障傳播宗教福音及從事相關活動之充
分自由，藉以發展國民良知，凝聚慈愛力量，期能有助
於造福人群。

聖座本年之崇高呼籲，就今日世局觀之，可謂切中
時弊。本人亦樂於全力支持聖座，並盼其他各國領袖及
人民採行同一支持立場。

1月5日　星期二

今日預立遺囑，由總統秘書室主任王家驊為之記述，
文曰：

經國受全國國民之付託，相與努力於以三民主義統一中
國大業，為共同奮鬥之目標。萬一余為天年所限，務望
我政府與民眾堅守反共復國國策，並望始終一貫積極推
行民主憲政建設。全國軍民在國父三民主義與先總統遺
訓指引之下，務須團結一致，奮鬥到底，加速光復大
陸，完成三民主義統一中國之大業，是所切囑。

中華民國七十七年元月五日

王家驊敬謹記述

李登輝

俞國華

倪文亞

林洋港

孔德成

黃尊秋

蔣孝勇

下午

四時，在大直寓所見臺灣銀行孫董事長義宣。

1月6日至7日　星期三至四
【無記載】

1月8日　星期五
今明令任命袁頌西為交通部政務次長。

下午

四時三十分，在大直寓所見總統府沈秘書長昌煥。

五時十分，見中央黨部李秘書長煥。

六時，見行政院俞院長國華。

1月9日　星期六
下午

三時，在大直寓所見中央黨部宋副秘書長楚瑜。

四時，見臺灣銀行孫董事長義宣。

四時四十五分，見郝總長柏村。

1月10日　星期日
下午

八時四十分，在大直寓所見中央黨部李秘書長煥。

1月11日　星期一
國軍七十七年度工作檢討會今在臺北召開，總統特頒書

面致詞，勉勵國軍官兵堅守革命立場，堅定必勝信念，
砥礪憂患意識，完成歷史使命。

今為第四十三屆司法節，總統特頒書面賀詞，勉勵司法
同仁懍然於本身使命之重大，人人以革新司法為己任。

國軍七十七年度工作檢討會書面致詞

郝總長，並參加國軍七十七年度工作檢討全體同志：

中華民國在復興基地致力建設的輝煌成就，是我全
國同胞智慧和血汗的結晶，但忠勇國軍所負擔的柱石功
能，更具有決定性的貢獻。近年來國軍在建軍備戰、教
育訓練和國防科技等多方面的顯著進步，無不令人深感
欣慰。當此國軍舉行年度工作檢討會之際，經國除特
致嘉勉外，尤望我全體官兵益加惕勵奮發，強化下列
共識：

第一、堅守革命立場：以三民主義統一中國，是我們奮
　　　鬥的基本目標。政府正以更積極的作為，更開
　　　闊的步伐，遵循民主憲政的大道，加速朝向此
　　　一目標前進。為掌握主客觀情勢的變化，我們
　　　在達變之中，尤須堅持不變的立場和原則，那
　　　就是不到全中國重沐青天白日的光輝，全體同
　　　胞同享自由、民主、富足的生活，我們的奮鬥
　　　絕不終止。

第二、堅定必勝信念：海峽兩岸近四十年來實施兩種不
　　　同制度的結果，驗證了三民主義救中國、共產
　　　主義禍中國的事實。像中共那樣一個暴虐政權

和罪惡制度，決無不敗之理。國父曾說：「三民主義浩浩蕩蕩，順之則昌，逆之則亡」。當年，國父憑藉主義的理想，喚起民眾，推翻了滿清，創建了民國。今日我們更以具體的建設，驗證了三民主義的真理，當十億同胞以行動響應三民主義之日，就是大陸匪偽政權土崩瓦解之時。

第三、砥礪憂患意識：先總統蔣公於民國四十一年以「毋忘在莒」四字，勒石於金門太武山之巔，激勵全國軍民枕戈待旦、雪恥復國。今天我們復興基地固然日益繁榮安定，但是大陸未復，共匪謀我之心，正因恐懼我們的發展壯大而益亟，所謂「忘戰必危」，我三軍官兵肩負保國衛民的重責大任，更應操危慮患，發揮臥薪嘗膽、明恥教戰的精神志節，以克竟復國全功而自矢自勵。

第四、完成歷史使命：國民革命的歷史告訴我們，每當國家存亡絕續之際，無不是由於先烈先賢們振臂奮起，秉持著「以國家興亡為己任，置個人生死於度外」的志節，堅持到底，終能扭轉危局，完成使命，瞻望未來，中國人的命運是一致的，中國的前途只有一條，那就是以三民主義統一中國，經國相信，我們這一代的革命軍人，必能踵武前賢，繼志承烈，毋負歷史的期許，戮力完成光復大陸，解救同胞的神聖使命。

　　親愛的同胞們：任何艱鉅的使命，終須經過嚴格的
考驗。當此啟明復旦，勝利成功的前夕，希望大家悉心
研討，根據既定的建軍目標，精益求精，創造勝兵先勝
的機勢，更期望大家以堅定不移的信心，忠貞不二的志
節，發揮在艱彌屬毅力與定力，為弘揚國民革命的光榮
傳統而努力奮鬥。祝會議順利成功，大家健康愉快！

第四十三屆司法節書面賀詞

　　司法節係為慶祝我國廢除不平等條約，撤消領事裁
判權，使國家司法權重歸完整的紀念日。其目的：一以
勗勉司法人員體認司法節的意義，惕勵奮發，為我國司
法樹立良好健全制度，提升司法公正廉明的聲譽；一以
喚起全國同胞樹立崇尚法治的精神，使人人皆為守法重
紀的現代國民。

　　今天欣逢此一意義重大的節日，經國特向我全體司
法同仁祝賀，並對司法同仁平日工作的辛勤以及為司法
革新所作的貢獻，深致慰勉之忱。

　　民主與法治密不可分，無法治即無民主；先總統蔣
公曾多次愷切昭示此旨。當此政府正以堅定不移的決
心，積極開展各項民主憲政建設之際，有賴於司法功能
之充分發揮者，日漸加重，全國同胞期望於司法之公
平、公正者尤為殷切。至希全體司法同仁懍然於本身所
負使命之重大，人人以革新司法為己任，時時以提高裁
判品質為要務，至公至正，不偏不倚，贏得人民信心，
建立法治宏規，國家前途，實深利賴。

1 月 12 日　星期二
上午
在府見張副秘書長祖詒。
見國防部鄭部長為元。

下午
一時，在大直寓所見李秘書長煥。

1 月 13 日　星期三
今日上午經公總統感覺不適，經醫師診治後略作休息，
至下午午睡後又感不適，突發大量吐血，經醫護人員
緊急搶救，終因急救罔效，延至下午五時三十分而告
崩逝。
當經公彌留之際，遂由副總統李登輝、行政院長俞國
華、立法院長倪文亞、司法院長林洋港、考試院長孔德
成、監察院長黃尊秋等於經公之遺囑上敬謹簽字。

晚
七時，中國國民黨召開臨時中常會。先由醫療小組召集
人姜必寧報告經公逝世經過如下：「蔣主席今天上午七
時三十分起床後，突感身體不適，並有輕微噁心嘔吐現
象，經醫師檢查，血壓為一百一十和七十毫米汞柱，脈
搏每分鐘七十次，體溫攝氏三十六度，由於總統未進午
餐，即以靜脈點滴注射，於下午一時五十五分，突發大
量吐血，迅即引發休克及心臟呼吸衰竭，隨經立即召集
醫療小組，以人工心肺復甦術挽救無效，延至三時五十

分心跳停止，瞳孔散大，而告逝世。」

隨後通過兩項決議：

（一）轉請政府指派大員處理國喪事宜。

（二）對李常務委員登輝同志根據憲法第四十九條規
定繼任中華民國總統職位，一致表示支持。

八時八分，副總統李登輝在總統府宣誓繼任中華民國第
七任總統，由司法院長兼大法官會議主席林洋港監誓。
李總統隨後發布奉行遺囑令，並應行政院之呈請，發布
緊急處分令，規定國喪（三十日）期間，聚眾集會、遊
行及請願等活動，一律禁止。同時特派嚴家淦、俞國
華、倪文亞、林洋港、孔德成、黃尊秋、張羣、陳立
夫、謝東閔、黃少谷、谷正綱、薛岳、沈昌煥、李煥、
李璜、王世憲、吳三連、吳伯雄、丁懋時、鄭為元、郝
柏村等為治喪大員，成立治喪會。

九時許，經公遺體奉遺榮民總醫院之懷遠堂，並設置靈
堂，以供各界人士弔祭。

十時十分，政府發言人新聞局長邵玉銘召開臨時記者
會，正式宣布經公逝世之不幸消息，並公布經公遺囑及
醫療小組報告。

1月14日　星期四

今日次公子孝武暨家屬奔喪返國，並至榮總懷遠堂
祭悼。

1月15日　星期五

今日女公子孝章暨家屬奔喪返國，並至榮總懷遠堂

祭悼。

1 月 22 日　星期五
上午

九時十分，恭奉經公之靈櫬，自榮總移往圓山忠烈祠，並於中午起，即開放靈堂，供民眾瞻仰遺容。在此後之六日內，自晨至暮，以迄深夜，前往瞻謁行禮者，實逾一百二十萬眾。其中有披蘇掛白者，有匍匐跪拜者，有默念飲泣者，有痛哭失聲者，莫不本其所感，出乎至情，以表達其對此偉大的領導者之無限追慕與哀思。

1 月 30 日　星期六

今為經公總統奉厝大典之日，上午八時舉行追思禮拜，八時四十分大殮並覆黨旗國旗，九時啟靈，靈車與執紼行列在哀樂聲中緩緩駛出忠烈祠，家屬對執紼人員跪拜致謝後，靈車延中山北路，經行政院、立法院、總統府、司法院、中正紀念堂、中國國民黨中央黨部及臺北市區信義、建國各要道，然後上高速公路，而至於桃園大溪陵寢。在全長六十八公里之行程中，萬千民眾，路祭野哭，目送靈車離去之哀傷，直同骨肉親人之永別。下午一時二十分，奉厝於大溪陵寢之正廳，安靈禮成後，李總統登輝並發表簡短談話，希望大家要以哀悼誠敬之心，實踐遺囑，完成復國建國使命，以告慰經國先生在天之靈。

民國日記 74

蔣經國大事日記（1987-1988）
Daily Records of Chiang Ching-kuo, 1987-1988

主　　編　民國歷史文化學社編輯部
總 編 輯　陳新林、呂芳上
執行編輯　林弘毅
美術編輯　溫心忻
封面設計　溫心忻
文字編輯　詹鈞誌

出　　版　🛡 開源書局出版有限公司

香港金鐘夏慤道 18 號海富中心
1 座 26 樓 06 室
TEL：+852-35860995

❀ 民國歷史文化學社 有限公司

10646 台北市大安區羅斯福路三段
37 號 7 樓之 1
TEL：+886-2-2369-6912
FAX：+886-2-2369-6990

初版一刷　2021 年 5 月 20 日
定　　價　新台幣 350 元
　　　　　港　幣　90 元
　　　　　美　元　13 元
I S B N　978-986-5578-31-2

http://www.rchcs.com.tw

國家圖書館出版品預行編目 (CIP) 資料
蔣經國大事日記 (1987-1988) = Daily records of
Chiang Ching-kuo,1987-88/ 民國歷史文化學社
編輯部主編 . -- 初版 . -- 臺北市 : 民國歷史文化學
社有限公司 , 2021.05

　　面；　公分 . -- (民國日記 ; 74)

ISBN 978-986-5578-31-2 (平裝)

1. 蔣經國　2. 臺灣傳記

005.33　　　　　　　　　　110006864